KiWi 429

Über das Buch

Diedrich Diederichsen leistet in seinem neuen Buch eine überfällige Arbeit. Er beschreibt und analysiert die Geschichte eines Begriffs, der in Deutschland zur Keule im politischen Nahkampf geworden ist: Political Correctness. Zum einen wird die kuriose Geschichte dieses Begriffs in den deutschen Debatten der letzten Jahre über Politik, Kunst, Moral usw. rekonstruiert, zum anderen seine Ursprungsgeschichte in den USA. Auf diesem Hintergrund fragt der Autor in einem letzten Teil, welche Neuansätze linker Theorie jenseits der Verdrehungen und Funktionalisierungen der Begriff Political Correctness bezeichnen *könnte*, wenn er – vor allem in Deutschland – nicht als leeres Schlagwort zur Denunziation jeglicher moralischer Haltung in der Politik benutzt würde.

Der Autor

Diedrich Diederichsen schreibt seit über 15 Jahren über Pop- und Gegenkulturen, Kunst, Politik und (vor allem: afroamerikanische) Musik (u. a. »Sexbeat«, »Freiheit macht arm«), ist Mitherausgeber der Zeitschrift »Spex« und Autor bei »Texte und Kunst«. Er lebt in Köln und lehrt an der Merz-Akademie Stuttgart und am Art Center Pasadena.

Diedrich Diederichsen

Politische Korrekturen

Kiepenheuer & Witsch

1. Auflage 1996

Umschlaggestaltung Christoph Pracht, CCCP Köln
Umschlagfoto Michael Ruetz
Satz Jung Satzcentrum, Lahnau
Druck und Bindearbeiten Clausen & Bosse, Leck
ISBN 3-462-02551-1

I. Stürmerfoul und Schlagerparade: zwischen »Tabubruch« und »Tugendterror«

Mutige PC-Gegner

Man ist ja vieles gewöhnt, wenn es darum geht, daß jemand mutig das Erwartete tut und als hochtabubrecherisch die vollkommene Unterwerfung unter eine Konvention ausgibt. Doch als ausgerechnet ein Mann, der so schöne Gedichte schreiben kann, wie Robert Gernhardt, in einem Verlagsprospekt des Tabubrecherladens Zweitausendundeins einem »titanic«-Kollegen (Bernd Pfarr) das Lob zukommen läßt, dieser sei erfreulicherweise frei von politischer Korrektheit, konnte ich es wirklich nicht mehr glauben. Zwar war dies der Tag, an dessen Abend mir dann auch noch ein Kulturkritiker im Glauben, eine originelle Beobachtung gemacht und in eine noch originellere, der Party-Konversation zuträgliche Position transformiert zu haben, erzählte, er schätze an der Harald-Schmidt-Show so sehr, daß sie sich mutig gegen jede Political Correctness stelle. Aber daß selbst Gernhardt das dünnste, schwächste, dazu billigste und falscheste, wenn nicht reaktionärste aller Gratislobe aussucht, den geschenktesten Spruch seit dem zehn Jahre früher gebräuchlichen, nicht minder schaurigen und unerträglichen »gegen den Zeitgeist« oder davor »gegen den Strom«, womöglich »anzuschwimmen«, oder »den Strich« zu sein oder zu schreiben oder gar etwas gebürstet zu haben – das läßt den Fall dann doch neue Dimensionen annehmen.

»Sie haben ja recht!«

Na ja, nicht erst das. Der unbedacht oder strategisch eingesetzte Begriff »politically correct« oder »political correctness« taucht nun schon seit gut zwei Jahren in jedem zweiten Tageszeitungsartikel oder Zeitschriftenaufsatz auf, der sich nur im entferntesten mit den Zusammenhängen zwischen Kunst, Kultur, Kritik, Moral, Politik, freie Rede, Zensur etc. befaßt (zum ersten Mal in diesem Sinne in Deutschland Ende 1991). Dabei zeichnet sich ab, daß schon das reine Bedenken politischer Kategorien, aber erst recht deren Anwendung auf ästhetische Handlungen oder auch umgekehrt als »Zensur«, »Eingriff« und unzulässige Anwendung von Kritik beschrieben wird. Was dann einer vagen, anscheinend kaum benennbaren und jedenfalls nie benannten überpersonalen Autorität zugeschrieben wird, die man die »Political Correctness« oder den »Tugendterror« nennt. Darauf folgen meist Formulierungen, in denen sich gestandene alteuropäische Subjekte verbitten, daß man ihnen mit dem »politisch korrekten« Einwand X komme. Dabei kommen die unterschiedlichsten Einwände zusammen: gegen neue Ladenschlußzeiten, Nationalisten in der F.D.P., Kürzung von Kulturausgaben, das neue Asylgesetz, antisemitische Filmemacher, Kunst-Professoren, die keine Frauen unterrichten wollen etc. Die Liste von Einwänden, die jemand in den letzten 5 Jahren schon pejorativ als »politisch korrekt« gekennzeichnet hat, ist potentiell endlos.

Terror ohne Terroristen

Von Martin Walser bis Steffen Heitmann, von Heiner Müller bis Bassam Tibi, von Antje Vollmer bis Dieter E. Zimmer, von Cora Stephan bis Rainer Zitelmann, von Eckhard Henscheid bis Otto Graf von Lambsdorff sind diejenigen zahlreich und namhaft, die sich über Verfolgung durch

»P. C.« beklagen. Man fragt sich immer nur, wer diesen Terror ausübt, wo doch den Genannten nicht nur in ihren angestammten medialen Spielstätten einhellige Zustimmung entgegenschlägt, sondern auch in den konventionell der Linken zugeordneten Medien jenes sich gern heroisch gerierende Abrücken von Essentials linker Politik ebenso gern auch für sich in Anspruch nimmt, sich gegen die Tabus der »politischen Korrektheit« durchzusetzen. Soviel Ehr, aber kein Feind in Sicht. Fast strukturalistisch mutet die häufig anzutreffende Erklärung an, »sie« oder ein »Zeitgeist« üben diesen Druck der »Denkverbote« aus. An die linke Vergangenheit mancher mutiger Tabubrecher erinnert die Annahme, es gäbe ein »das System«, das PC verordne. Jedenfalls hat auf Nachfrage noch kein PC-Opfer eine einflußreiche Institution oder Person genannt, die diesen, glaubt man den auflagenstarken Publikationen der deutschen Intelligenz, flächendeckenden Terror ausübt[1]. Amerikakenner verweisen höchstens noch auf den nun schon sprichwörtlichen Verhaltenscode des noch sprichwörtlicheren Antioch-College, offensichtlich das My-Lai der Political Correctness[2].

Killer-Gutmenschen greifen an!

Ein erster, konkreterer Verdacht wird allerdings seit einiger Zeit auf eine deutsche Spezies gelenkt, die auch dem »Spiegel« und dessen Autor Henryk M. Broder dumm genug aufgefallen ist, um eine Titelgeschichte springen zu lassen[3]: die sogenannten Gutmenschen. Seit den frühen 90ern ist sich eine wachsende Zahl politischer Kolumnisten und Denkerinnen darüber einig, daß diese Gutmenschen neben anderen Verbrechen – »Tugendterror«, »Denkverbote« – mindestens PC in die Welt gesetzt und so den schwersten politischen Flurschaden vor allem dadurch angerichtet haben, daß sie immer noch naiv moralische Kategorien auf doch sattsam als »komplex« bekannte politische Sachverhalte anwenden. Als Lichterketten-Glieder waren sie schon zuvor quer über alle politischen Trennlinien hinweg geächtet worden. Völlig zu Recht war z. B. von links darauf hingewiesen worden, daß Antirassismus apolitisch nicht zu haben ist und die Lichterketten-Leute nicht einmal die Einführung des neuen Asylgesetzes kritisiert hatten. Aber hätte man sie nicht wenigstens als das kleinere Übel zu Heitmann, Zitelmann, Konrad Adam, Arnulf Baring, Schäuble etc. und anderen Deutschtums-Vertretern und Neurechten einsortieren müssen? Dem average FAZ-Leserbriefschreiber waren sie jedenfalls von Anfang an als arrogante Besserverdienende kenntlich gewesen, denen die Nöte der armen Ossis, die nach 40 Jahren SED-Diktatur nun auch noch in der Nähe von Asylbewerberheimen wohnen müssen, einfach nicht einleuchten würden.

Killer-Feministinnen reihen sich ein!

Die politische Einordung von PC, sofern sie überhaupt vollzogen wird, sieht diese meistens eindeutig bei der Linken (»McCarthyismus von links« lautet die Formel, die Jörg von Uthmann, der ehrwürdige Pionier der deutschen Anti-PC-Rezeption von den amerikanischen PC-Gegnern übernommen hat), immer häufiger aber auch bei »Feministinnen« (so zum Beispiel im neurechten Sammelband »Die selbstbewußte Nation«, wo Zitelmann den Feminismus als die neue Teufelei der Linken benennt, die man anders bekämpfen muß als den alten Marxismus[4]). Gerade im weiteren Verlaufe der deutschen Anti-PC-Publizistik steigt die Anzahl der Anschuldigungen gegen Feministinnen, die mit allen angestaubten Anti-Suffragetten-Stereotypen als hysterische Täterinnen, die jeden lächelnden Mann als Anmacher verfolgen, geschildert werden. Die kulturelle Begleitmusik spielten immer neue Aufführungen von David Mamets »Oleanna« und der Bestsellererfolg von Schwanitz' »Der Campus«. Unnötig zu sagen, daß die beiden betreffenden gesellschaftlichen Gruppen bzw. politischen Richtungen – Feministinnen und Linke – sich gerade heute nicht über allzu großen Machtzuwachs freuen können. Im Gegenteil, die linke Kulturhegemonie, die von rechts immer beklagt wird, hat es wohl selten weniger gegeben als heute. Eine antikapitalistische Linke, bis in die 70er ein Teil der SPD, bis in die späten 80er ein, wenn auch schrumpfender, Teil der Grünen, ist vollends aus dem legalen und parlamentarischen politischen Spektrum verschwunden. Statt dessen haben Ratlosigkeit und unübersichtliche Verhältnisse, Verteidigung des Status quo und weitverbreitete Ängste dafür gesorgt, daß die PC zugeschriebenen moralischen Bewertungen politischer und ästhetischer Taten und Absichten – im Vergleich etwa zu den späten 70ern und den 80ern der Friedensbewegung – stark abgenommen haben. Vom radikalen Feminismus ist hauptsächlich eine Menge interessanter Theorie geblieben, während der reale gesellschaftliche Einfluß sich in ein Integrationsprojekt für vermeintliche Frauenfragen in Mainstream- Politik gewandelt hat. Höchstens Leute wie Konrad Adam werden regelmäßig von akuter Selbstmordgefährdung angesprungen, wenn etwa eine Bremer Behörde das Binnen-I einführt (ein Grund mehr für das Binnen-I). Wie es um die Angeschlossenheit der deutschen Linken an die internationale Antirassismus- und Postkolonialismus-Diskussion steht, war in den frühen 90ern, als es etwas zu erklären gegeben hätte, plötzlich sehr deutlich. Von den internationalen politisch-theoretischen Debatten war sie weitgehend abgeschnitten[5]. Rassismus war von der deutschen Linken fast gar nicht diskutiert worden – höchstens als Nebenwiderspruch des Kapitalismus, nicht als dessen konstantes oder gar konstitutives Element. Und obwohl es immer wichtig war, auf die Besonderheiten des Antisemitismus, zumal des deutschen, zu bestehen[6], hätte eine postkoloniale Aufarbeitung auch der Gemeinsamkeiten zwischen Rassismus und Antisemitismus der deutschen Linken gutgetan, die sich ja auf kein Äquivalent der 60er-Jahre-Bürgerrechtsbewegung – die klassische Koalition aus antirassistischer und antiantisemitischer Politik in den USA – berufen konnte. Als dann bei der erstbesten Gelegenheit der Durchschnittsdeutsche seinen latenten Rassismus – der eigentlich nie ein Geheimnis war – flagrant werden ließ, war die deutsche Linke theoretisch wie praktisch ziemlich hilflos.

Geht also wieder ein Gespenst um?

Zeigte sich in der PC-Panik vielleicht die Befürchtung, auch die deutsche Linke könnte wieder Anschluß finden an Themen und Strategien, die ihren Einfluß vergrößerten? Was aber war PC in seinen amerikanischen Anfängen, wer hat den Begriff lanciert, welche Funktion hatte er dort, welche heute in Europa, vor allem in Deutschland? Könnte es sein, daß es das, was die PC-Gegner so fürchten, heutzutage tatsächlich so wenig vorhanden ist wie ein Gespenst und ihre Angstschreie eher die Töne von Bestrafungsphantasien schuldiger Schreibtischtäter sind? Oder gibt es tatsächlich außerdem noch wirklich einen PC-Terror? Was haben die Tabubruchphantasien und -reden von in die Jahre gekommenen Alt-68ern zu besagen? Maskiert sich hier als rebellisch und unerschrocken, was in Wahrheit das Abstreifen der letzten Reste ehemaliger (politischer, moralischer und ästhetischer) Ansprüche darstellt?

Antworten aus Amerika

Ich werde zuerst, im zweiten Kapitel, in den USA nachsehen. PC wird dort einerseits mit bestimmten Themen, mit bestimmten Arenen von Auseinandersetzung, bestimmten Politikformen und schließlich mit bestimmten Debattenformen identifiziert. Da diese Dinge nicht so ohne weiteres vergleichbar sind, kann man nur signifikante Häufungen suchen und ermitteln, wie sie zusammenhängen könnten. Zum einen tobt dort seit den späten 80ern eine *nationwide* geführte Auseinandersetzung um die Kulturpolitik des Bundes, die auf ihrem Höhepunkt von Republikanern und christlichen Fundamentalisten dazu genutzt wurde, aus Avantgarde-Kunst und der AIDS zugeschriebenen Logik des Epidemischen einen neuen Feind zu konstruieren, gegen den Family Values und anderes in Stellung gebracht werden konnten. Der Gegenwehr gegen diese Initiativen wurde das Etikett PC angehängt. Parallel dazu wird Campus-internen und hochschulpolitischen Streits eine neue Aufmerksamkeit geschenkt, seit Ende 1990 ist der Begriff PC auch dabei im Spiel. Identitätspolitische Einflußnahmen auf Lehrinhalte, symbolpolitische Strategien der Selbstermächtigung und feministisches Insistieren auf der Politizität des Privaten, wie bei den Date-Rape-Diskussionen, standen dabei im Mittelpunkt. Über all dies goß der Mainstream die Zuschreibung PC, dem jenseits konkreter Situationen nun ziemlich allgemein vor allem Attribute wie Rigidität, Humorlosigkeit, Starrsinn angeheftet wurden. Doch gleichzeitig gerieten französische und andere europäische Theorie-Importe unter Beschuß, denen nun das Gegenteil vorgehalten wurde: Relativismus, Vagheit, Offenheit. PC aber sollte beides sein – das wußten plötzlich alle, vom Clinton-Berater bis zum Tageszeitungscomiczeichner G. B. Trudeau. In letzter Zeit haben sich alle Beteiligten von rechts einen Zusatz-Feind ausgeguckt: Rap – nach Campus, Kultur- und

Lebensstilpolitik ein drittes Feld. Die Miseren der US-Innenstädte werden in diesem Zusammenhang plötzlich auch wieder sozialdarwinistisch und biologistisch diskutiert. Der mangelnde Erfolg von kompensatorischer Politik, die kollektive Benachteiligungen ausgleichen soll, wie Affirmative Action, wird nun plötzlich mit rassistischen IQ-Tabellen erklärt. »The Bell Curve« wurde zum Bestseller. All diese Themen wurden oft in Debatten verhandelt, die so taten, als ging es nicht um die Durchsetzung bestimmter Inhalte, sondern nur um deren Diskussion. Man sagte nicht »Schwarze haben einen niedrigeren IQ«, sondern: »Es gibt da diese Bell-Curve-Debatte«, und meinte dasselbe. Die Kritik an dieser rhetorischen und diskurspolitischen Strategie bekam erneut den Namen PC und wurde meist als illiberale, zensur-artige Diskursverknappung gewertet.

Debatten aus Deutschland

Diskurspolitisch hatte auch Roman Herzog von Amerika gelernt, als er kürzlich zuerst einmal nur sagte, man dürfe die *Debatte über Studiengebühren nicht tabuisieren,* und dann eine Rede vor der Rektorenkonferenz ausschließlich mit Argumenten *für* Studiengebühren bestückte. In Deutschland wurde PC zunächst nur als Gerücht aus den USA verhandelt, meist ohne nennenswerte Hinzufügungen, eher als die typisch unschöne Kuriosität aus Amerika. Mit dem Fall Heitmann änderte sich das: Überall sah das konservative Establishment PC am Werke, wenn irgendwelche Störer das Werden der neuen Berliner Republik und ihrer neuen, beweglichen Außenpolitik behinderten. Auch der Debattentypus wurde schnell imitiert, wenn es darum ging, durch symbolische Setzungen aus der rechten Mitte neue Terrains zu testen oder zu erobern. Zentral war aber in Deutschland das Feld der symbolischen Bewertung und der politischen Einschätzung der Nazi-Vergangenheit, ein Feld, das parallel zum Rassismus in den US das Zentrum vergleichbarer Diskussionen bildete. Mehr dazu im dritten Kapitel.

Theorien des Teufels

Mir geht es aber noch gar nicht darum, was PC tatsächlich ist oder sein sollte oder ob es gute Gründe gibt, etwas so zu nennen – mit welchen Absichten auch immer –, sondern darum, wer was wo so nennt. Wenn PC eine auf polemische, kuriose, paranoide Weise zustandegekommene Zusammenfassungsleistung von rechts war, die irgendwann jeder linken Opposition politische Korrektheit vorwarf, stellte sich die Frage, ob es einen Sinn ergeben würde, tatsächliche linke Politik im Hinblick auf die so zugeschriebenen Taktiken und Theorien hin zu analysieren. Ich habe also Theorieansätze, die mit PC von rechts, aber auch von der Anti-PC-Linken mit diesem Begriff in Verbindung gebracht worden sind, im vierten Kapitel auf eine tatsächliche Brauchbarkeit durchgesehen. Die Felder des Dekonstruktivismus, der Sprechakt-Theorie, verschiedener neuerer Feminismen und Postkolonialismen schienen am naheliegendsten. Andere Theorien, etwa die »Rahmenanlyse« von Erving Goffman, die eigentlich zu vielen Einschätzungen und Strategien, die PC genannt werden, passen würden, blieben unberücksichtigt, da sie weder von diesen noch von ihren Gegnern erwähnt wurden. Im ganzen Text stelle ich mir eher die Frage, wie aus Gerüchten, Zuschreibungen und Projektionen wirkmächtige politische und diskurspolitische Fakten werden. Daher sehe ich mir auch in diesem Kapitel solche Resultate lediglich an, statt zu spekulieren, wie man Politik machen könnte. Letztlich ist aber auch diese Frage trotzdem eine entscheidende Motivation, einen Text wie diesen zu schreiben. Im Umgang mit Theorien stellt sich dann die Frage, ob eine Politik und soziale Formationen, die bewußt oder unbewußt mit diesen Theorien vereinbar sind, nicht erfolgversprechend sind, ob ich PC, wenn das hier PC ist, nicht selber unterstütze. Die deskriptive Darstellung des Medien- und Diskursphänomens kippt in oder wird ergänzt von einer normativen Diskussion neuer Politik.

Saat der Subkulturen

Und da bleibt als denkbare Arena zunächst für die Untersuchung im fünften Kapitel nur das Feld der Subkultur. Die hier vorgestellten Politiktypen haben möglicherweise den Nachteil, über bestimmte Subkulturen hinaus keine Chance zu haben. Sie haben vielleicht den Vorteil, in diesem gesellschaftlichen Labor zuverlässige Testergebnisse zu liefern. Dieses Labor ist aber gleichzeitig mehr als das, nämlich ein wichtiger werdender Teil dieser Gesellschaft. Ist der nun positiv, normativ gedachte Entwurf von PC als womöglich sinnvolle politische Strategie jenseit rechter Zuschreibungen in der Lage, hier, an den Grenzen von Kultur, Politik produktiv zu werden? Wie sind Subkulturen mit den auch für sie neuen Politiken von Feminismus und Antirassismus fertig geworden, haben sie sich überhaupt anders verhalten als Mainstream-Kultur? Ist auf der anderen Seite die pessimistisch-deterministische Rede ernst zu nehmen, die nur totalisierte Felder kennt und keine relativ entkoppelten Momente und Lokale gelten lassen will? Und welche Psychologien entlastet sie?

Öffentlichkeit und Moral

Bei allen Erscheinungsformen von Anti-PC scheint es, soviel kann man hier schon vorwegnehmen, darum zu gehen,

Öffentlichkeit zurückzudrängen, Privatisierungen in jedem Sinne zu unterstützen. Von Kampf gegen die öffentliche Förderung von Kunst (NEA) und Geisteswissenschaften (NEH) in den USA bis zu den bekannten Klagen des Zuweitgehens von Feministinnen beim Regelnwollen des doch Privaten (Sex und Mißbrauch) oder beim Kampf gegen »schwedische Verhältnisse« in der Erziehung, zuviel Öffentlichkeit für »naturwüchsige« Vorgänge in Politik und Produktion und zu viele öffentliche Mittel für Geisteswissenschaften und Universitäten allgemein. Die private Lösung ist allenthalben auf dem Vormarsch (und da sie sich oft auch gegen öffentliche Bürokratien richtet, hat sie zuweilen sogar den Drive eines gerechten Zorns auf ihrer Seite: meistens ist das Wort »Bürokratie« dabei aber eine ideologische Chiffre für Restbestände von ausgleichender Gerechtigkeit). Interessanterweise wird gern die Zuschreibung »Moral« benutzt, wenn es darum geht, Öffentlichkeit zurückzuweisen. Der Begriff wird einerseits benutzt, um einem politischen Einwand genau diese Dimension zu nehmen, zum anderen, um den politischen Gegner als von inneren, »moralischen«, aber privaten Zuständen her argumentierenden zu denunzieren – als weich und feminin, moralisch im Sinne von »einen Moralischen haben«, weinerlich und nicht männlich-pragmatisch-politisch. Damit wird zuerst die Politizität von Nicht-Mainstream- Politik geleugnet. Dann wird der Anti-Öffentlichkeits-Schwarze-Peter der Anti-PC-Fraktion geschickt an deren Gegner weitergegeben – diese hatten ja mal gefordert, das Private sei politisch, im Umkehrschluß kann das, was die politisch nennen, nur privat sein, wir nennen es »Moral«. Und schließlich wird Moral so ganz grundsätzlich aus der politischen Theorie- und Begriffsbildung verbannt. Das konnte in gewissen Grenzen auf linke Zustimmung rechnen: Moralismus als ideologische Kontrolle zu beschreiben ist eine bekannte linke Figur, und wenn die Rechte PC-Politik nun als rigiden Moralismus denunziert, partizipiert sie daran. Jenseits davon aber, im Sinne von Moral wie der Begriff z. B. bei Lévinas[7] benutzt wird, gegen Totalität gerichtet bzw. dieser zu entkommen versuchend – könnte politische Moral auch gegen die Apotheose des kapitalistischen Sachzwangs und seiner ideologischen Sachlichkeit eines Business-as-usual gerichtet werden. Daß diese Möglichkeit von dem »Moralismus«-Vorwurf gleich mitdenunziert wird, ist eine der Ergebnisse der Anti-PC-Propaganda, deren Dimensionen der Linken noch gar nicht klar sind. Sie betrifft nämlich von der Rechten befürchtete, aber noch lange nicht eingetretene politische Initiativen, die in Angriff zu nehmen nicht immer das Verkehrteste sein muß.

Anmerkungen

1. Die einzigen Ausnahmen stellen tatsächlich Wiglaf Droste und Katharina Rutschky dar, deren Veranstaltungen eine Weile regelmäßig vor allem von Anti-Mißbrauchs-Gruppen gestört wurden. Auch wenn es berechtigte Einwände gegen manche Positionen von Katharina Rutschky gibt, waren diese Aktionen nicht nur völlig überzogen und nicht zu rechtfertigen, sondern – gerade auch im Falle Droste – symptomatisch für die altlinke Unsitte, den schlimmsten Feind immer im eigenen Milieu zu suchen.

2. An diesem sagenhaften College soll es ein Uni-internes Gesetz geben, das das Sexualverhalten der Studierenden im Detail regelt. Unterschlagen wird meist, daß solche Uni-Gesetzbarkeit keine Seltenheit ist, häufiger aber gerade Fälle von sexueller Belästigung und auch Vergewaltigung intern und für die Täter meist sehr viel milder verhandelt als die normale Justiz. Colleges müssen nur in sehr wenigen Fällen Strafsachen an den zuständigen Staatsanwalt melden. Meistens entscheiden College-interne Gremien, ob die Gerichtsbarkeit überhaupt eingeschaltet werden soll. Über-

führte Vergewaltiger kommen dann bei günstiger Sozialprognose durch betreuende Dozenten mit Bagatellstrafen davon.

3. Jedoch: ist die Gegenwartsdiagnostik des »Spiegels« nicht sowieso jenseits jeder Kohärenz angekommen? In 12 Monten wurden die Deutschen dort ein Volk der Steuersünder, Supermoralisten und Stammtischpolitiker genannt. Es scheint also nicht ein zuviel oder zuwenig an Moral, was ja hier abwechselnd beklagt wird, das Problem zu sein, sondern eher die Konstante dieser Berichte: die Behauptung, der Gang der Dinge in der Fin-de-siècle-BRD würde von der Moral ihrer Untertanen mitbestimmt.

4. Rainer Zitelmann, Position und Begriff – Über eine neue demokratische Rechte, in: Heimo Schwilk/Ulrich Schacht (Hg.), Die selbstbewußte Nation, Berlin 1995

5. Kein Buch von Gayatri Chakravorty Spivak, Homi Bhabha, Henry Louis Gates jr., Anthony Appiah, Houston A. Baker, Trinh T. Minh-ha, Cornel West, Paul Gilroy, um nur einige wenige prominente AutorInnen zu nennen, liegt zu dieser Stunde auf deutsch vor.

6. Aus der weit verbreiteten Unterstützung der Palästinenser im Nahost-Konflikt während der 70er retrospektiv einen generellen Antisemitismus der deutschen neuen Linken abzuleiten, wie zu Golfkriegszeiten bei radikalen Linken weit verbreitet, ist trotz aller Schwächen in der Auseinandersetzung der bundesdeutschen Linken mit dem Staat Israel reichlich übertrieben.

7. Emmanuel Lévinas, Totalität und Unendlichkeit – Versuch über die Exteriorität, München 1987

II. Von AIDS bis Zensur: Kulturkriege und Campus-Kämpfe in den USA

»Graduating seniors, parents and friends. Let me begin by reassuring you that my remarks today will stand up to the most stringent requirements of the new appropriateness. The intra-college sensitivity advisory committee has vetted the text of even trace amounts of subconscious racism, sexism and classism. Moreover a faculty panel of deconstructionists have reconfigured the rhetorical components within a post-structuralist framework, as to expunge any offensive elements of Western rationalism and linear logic. Finally all references flowing from a white, male, eurocentric perspective have been eliminated, as have any other ruminations deemed denigrating to the political consensus of the moment. Thank you and good luck.«

Die komplette Rede des Dekans des »Walden College« zu den dortigen Entlassungsfeierlichkeiten in Gary Trudeaus Tageszeitungscomic »Doonesbury«[1]

»Lacan is a tyrant who must be driven from our shores.«

Camille Paglia[2]

Eine neue Linke?

Ein bestimmte Sorte von taktischen Debatten im oben beschriebenen Sinne strukturiert die folgenden Fälle aus den USA. Die Geschichtsschreibung kennt die Debattennamen und einige Akteure besser als die jeweiligen Inhalte. Es läßt sich aber in den konkreten Fällen beschreiben, wie sich die Kräfteverhältnisse verschoben haben und unterschiedliche Konstellationen in den einzelnen Austragungsorten (Hochschule: Lehrinhalte, Hochschulpolitik, Kunstszene, Bundespolitik) entstanden sind. Dabei werden teilweise Debatten berührt, die isoliert sehr viel genauer und reichhaltiger geführt worden sind, als es möglich ist, sie hier zu referieren.

Hier geht es vielmehr darum, sie im Kontext kultureller und kulturpolitischer Auseinandersetzungen vorzustellen, die von mehr als Familienähnlichkeiten zusammengehalten werden und zusammen so etwas darstellen wie die Ursuppe einer potentiellen neuen linken Politik in den USA, bzw. der panischen Angst davor. Dabei wird ein entkoppelt lokales Agieren zum Zeichen linker, feministischer und antirassistischer Politik, während die (neue) Rechte versucht, so universell und nationwide wie möglich aufzutreten. Rechte Kulturkampfs-Attacken richten sich gegen Bundesbehörden, Avantgarde-Kunst, Affirmative Action, HipHop etc., während die als PC bekannten linken Initiativen eher im Stadtteil oder auf dem Campus aktiv werden. Die Linke fällt aber nicht nur durch entkoppeltes Agieren auf, sondern auch durch Entkoppelung der Anliegens- und der Eingriffsebenen, der Theorien und der Praktiken, während das Zusammenfassen dieser Mannigfaltigkeiten zu zwei Buchstaben eine rechte Zusammendenkleistung darstellt, die aber für die Linke durchaus auch nützlich sein könnte.

Der Kulturkrieg kriegt ein Baby

Nennen wir die Auseinandersetzungen um Kultur, wie man es dort tut, »Krieg« und nicht, wie in Deutschland üblich, »Kampf«, um gewisse Unterschiede deutlicher zu machen. Auf zwei Ebenen haben Amerikas Rechte und religiös Wahnsinnige immer schon versucht, auf Kulturpolitik Einfluß zu nehmen: auf Lehrinhalte in Schulen und Universitäten und auf die kommerzielle Unterhaltungsindustrie. Immer wieder wird bekanntlich versucht, die Verbreitung säkularer Weltentstehungsgeschichten zu verhindern und den Darwin aus den Schulbibliotheken – in diesem Jahr wieder mit Erfolg in Tennessee durchgesetzt[3] – zu entfernen. In Hollywood wiederum agiert seit 1919 als rigide freiwillige Selbstkontrolle das berüchtigte Hays-Office des »sauertöpfischen, fledermausohrigen, heuchlerischen Politikers im Kleinformat«[4] Will H. Hays. Und mit der von der unsäglichen Vizepräsidenten-Gattin Tipper Gore in den mittleren 80ern ins Leben gerufenen Elternvereinigung PMRC gegen irgendwie gefährliche (»gewaltverherrlichende«, »pornographische« etc.) Pop- Texte, und den bekannten Angriffen auf die Unternehmen, die das gefährliche Zeugs verbreiten, ist eine lange Tradition rechter symbolischer Politik noch nicht zu Ende, die sich in der Regel auch die Territorien aussuchte, wo Symbolpolitik verspricht, erfolgreich geführt zu werden: Erziehungswesen und Massenkultur. Seit den 80er Jahren ist aber ein neues, zusätzliches Terrain in den Mittelpunkt von Kontroversen gerückt, deren Heftigkeit und Publizität in keinem Verhältnis zur (ökonomischen) Größe des Streitgegenstands stehen: die staatliche US-Kunstpolitik, also etwas, das es eigentlich gar nicht gibt. 1962 von Präsident Kennedy gegründet, blieb die sogenannte NEA (National Endowment of the Arts) eine winzige Behörde, deren Etat zur Förderung von KünstlerInnen und Kunstprojekten bis 1980 auf 158 Millionen Dollar pro Jahr stieg (seitdem kaum noch). Das ist bedeutend weniger als das, was allein die Stadt Frankfurt in einem Jahr für Kultur ausgibt. Dennoch ist dieser Mini-Posten seit dem Amtsantritt der Regierung Reagan zu einem der meistdiskutierten des US- Haushalts geworden, an dem sich in jedem neuen Haushaltsjahr eine immergrüne Debatte entzündet, die die jeweiligen Geländegewinne der Koalition aus konservativen Common-Sense-Rechten (»Was soll der Quatsch?«) und religiös Wahnsinnigen (»Dieser Quatsch soll den Heiland durch den Kakao ziehen!«) im Kampf um kulturelle Hegemonie indiziert. (Die Liberalen haben immer dann gewonnen oder sich halten können, wenn die NEA-Debatte ausbleibt).

Das Symbol der Symbolproduktion angreifen!

Dieser von rechten Republikanern angezettelte Kulturkrieg offenbarte eine neue Strategie, die auch später im PC-Backlash zum Einsatz kam und die man von deren traditionellem Geschäft, Sex, linke Politik und Gotteslästerung aus dem Fernsehen fernzuhalten, unterscheiden muß. Nun geht es nicht mehr darum, die feindlichen Symbole anzugreifen und ihre Produzenten oder Distributeure zur Umkehr zu zwingen, sondern darum, das Symbol der feindlichen Symbolproduktion zu attackieren: Avantgarde-Kunst. (Nach diesem Vorbild ließe sich auch der spätere Anti-PC-Backlash als ein Krieg nicht gegen einzelne Inhalte von Wissenschaft, sondern als eine Attacke auf die Geisteswissenschaften schlechthin lesen). Im Bild des Avantgarde-Künstlers läßt sich nämlich trefflich der Einwand des Common-sense-Konservativen, der den Sinn nicht sieht (und dessen Repräsentanten, heißen sie nun Helmut Schmidt oder Bob Dole, die Veranstaltung von etwas für sie Sinnlosen auch gerne »elitär« nennen), und der des Klerikal-Fascho, der sich nun gerade von dem Sinn verfolgt fühlt, vereinen. Um richtig zu funktionieren, braucht aber auch diese explosive Koalition einen zündenden Anlaß, der sich schließlich durch die neue Homophobie der AIDS-Epoche ergab und naturgemäß Leute wie Mapplethorpe als Antichrist aussuchen sollte.

Paradoxe der Anti-Avantgarde

Das Klima während der 80er Jahre erlaubte es ohnehin erstmalig, sogenannten Familien-orientierten oder christlich-fundamentalistischen Organisationen, die nicht nur von einer der zahllosen Kirchen und Sekten, sondern meist auch von einem oder mehreren Kongress-Abgeordneten oder Senatoren abhingen, vermehrt und frecher öffentlich gegen

»sinnlose« Bildende Kunst und andere mißliebige »Avantgarde«-Kultur aufzutreten. Und auch andere antimoderne gesellschaftliche Kräfte hatten Konjunktur – interessanterweise zur gleichen Zeit, zu der den großen außenpolitischen Gegnern der USA – Iran, Libyen – ständig ihr Antimodernismus vorgehalten wurde. Aber die mit archaischen, vormodernen Images versehene und verkitschte Familienideologie war in der religiös-rechten Version selbst nichts als ein religiöser Fundamentalismus, der als »Family Values« mit heimeliger Wärme die kalte, nun aber gerne moderne kapitalistische Konkurrenz draußen im feindlichen Leben ideologisch komplettierte. Doch wenn da draußen in der Außenpolitik nicht nach unseren Regeln gespielt wird, heißen die fundamentalistischen »Family Values« der anderen, der Ayatollahs nun nur noch »Fundamentalismus«, und der Begriff, der die amerikanischen Verhältnisse in manchen Gegenden genauso getroffen hätte, wird ganz an den außenpolitischen Gegner übergeben. Was als Nebeneffekt plausibel machen sollte, daß die unabweisbar scheußliche (Familien-) Lebensform unter klerikaldiktatorischen islamischen Regimes etwas prinzipiell ganz anderes ist als das Leben unter christlichen Fundamentalisten. Und ebenso paradox wuchs die Kunstfeindschaft und deren Durchsetzbarkeit auf staatlicher und institutioneller Ebene, während in SoHo ein auch ökonomisch beispielloser Kunstboom stattfand. So bekam die Firma GSA in New York nach jahrelangen Prozessen plötzlich recht, Richard Serras öffentliche Giganto-Skulptur »Tilted Arc«, die sie unter der Bedingung in Auftrag gegeben und erworben hatte, daß sie dauerhaft aufgestellt und in Stand gehalten würde, abzureißen. Inhaltlich mißliebige Filme – in erster Linie Dokumentationen über den Vietnam-Krieg und US-Aktivitäten in Nicaragua – wurden zwangsweise als »Propaganda« eingestuft, vorzensiert und große Filmverleihe dazu gezwungen, Werke wie Godards

»Je vous salue Marie« nicht zu vertreiben, weil sie die religiösen Gefühle von alabamischen KKK-Fundamentalisten verletzen könnten, von denen man ja weiß, daß sie oft und gerne in Godard-Filme gehen.

Ein neuer Politikertypus tritt auf: rechte Kulturkämpfer

Die Ausbreitung von Pornographie, Homosexualität als Gegenstand von Kunst, Verunglimpfungen nationaler Symbole der USA und andere »Obszönitäten« wurden Wahlkampfthema für Politiker der gemäßigten bis zur extremen, christlichen Rechten. Politiker, die gleichzeitig die Themen Homophobie (AIDS als Geißel Gottes etc.), Pornographie, Gelder für unverständliche Avantgarde-Kunst und parallel Nationalismus und Abtreibungsverbot bedienten, machten Karriere und begründeten einen neuen Typus rechter populistischer Politiker, deren bekannteste Vertreter der Kalte-Kriegs-Veteran Jesse Helms, Jerry Falwell und Pat Buchanan wurden, und der mit kulturkämpferischer Verve ältere Versionen des republikanischen Erfolgspolitikers ablösten und auch den republikanischen Mainstream erfolgreich unter Druck setzen konnte. Pat Buchanan hat damit George Bush schon ebenso einen massiven Rechtsruck aufgezwungen wie unlängst noch erfolgreicher Robert Dole: Seine politische Karriere basiert auf einem enormen Fleiß beim Beleidigen und Verwünschen von vor allem Schwulen. Dabei steht ihm eine boomende Medien-Gattung zur Seite, das mit überwiegend rechten bis rechtsextremen Ideen besetzte Talk Radio. Bei Leuten wie dem bei allem Widerwart ganz lustigen Howard Stern oder dem nur noch rasend blöden – man kann ihn so nennen – Faschisten Rush Limbaugh legitimiert sich das Ressentiment durch die angebliche Naturwüchsigkeit des »frei« gesprochenen Wortes, des eben so und nicht anders gewachsenen Schnabels. Diese antimoderne Politik hat so nicht nur medial den besten Verbündeten gefunden, nämlich das immer schon mündlich ungehemmter hervorgebrachte Ressentiment, sie hat auch strategisch den ideologischen Ort der – verfassungsmäßig garantierten – freien Rede besetzt, die uns die Kommunisten schon immer und die uns jetzt auch die PC-Diktatur wegnehmen will.

Die Rechte relauncht sich als Kulturbewegung

Es war also im Verlauf der 80er klargeworden, daß die starke Besetzung von Kulturthemen oder ihre Verknüpfung mit benachbarten Issues eine erfolgversprechende politische Strategie werden konnte: nicht nur zur Profilierung innerhalb der Rechten, sondern auch, um die Rechte als wiedererstarkte Bewegung aus einerseits religiös wahnsinnigen Fundamentalisten und andererseits xenophoben, aber wirtschaftlich nüchternen, hyperkapitalistischen Realpolitikern vereinheitlichend neu zu positionieren[5]. Dabei war auch wichtig, die Grenzen und die Möglichkeiten dieser »Rechten« auszutesten, wofür Kultur immer schon ein ideales Terrain war. Diese Testfunktion von Kulturdebatten für politische Zwecke – vor allem entlang der definitorischen Bedürfnisse neuer rechter Bildungs-, »Familien«- und Migrantenpolitik, inklusive Einführung neuer normativer Definitionen und Slogans zu »Fremdheit«, »Mutterschaft«, »sexueller Normalität« und »wissenschaftlicher Objektivität« – kennt man auch gut aus dem Deutschland der späten 80er und frühen 90er Jahre.

Politische Korrektheit orientiert sich dabei immer an den geltenden Werten und Normen einer Gesellschaft.

D'Amato zerreißt Serrano: »Entartete Kunst«

1989 aber geriet dann die NEA alleine ins Zentrum der Kulturkriege. Senator Alfonse D'Amato, der 1994 den linksliberalen Mario Cuomo als Gouverneur des Staates New York ablösen sollte, empfahl sich schon im Mai 1989 für höhere Aufgaben, als er die Abbildung der vom NEA »geförderten«[6] Arbeit »Piss Christ« von Andres Serrano aus einem Katalog heraus- und öffentlich zerreißt. Jesse Helms solidarisierte sich, und 25 Senatoren unterzeichnen eine öffentliche Aufforderung an die NEA, ihre Förderungspolitik zu überprüfen. Drei Wochen später initiiert ein texanischer Abgeordneter einen Aufruf, den über hundert Parlamentarier unterzeichnen und der sich gegen die NEA-Unterstützung für die Ausstellung »Robert Mapplethorpe: The Perfect Moment« in Philadelphia richtete. Die Jagdsaison auf die NEA war eröffnet. Das ICA an der University of Pensylvania hatte für die Ausstellung, die über 150 Arbeiten Mapplethorpes versammeln sollte und als große Retrospektive für den im selben Jahr an AIDS verstorbenen Fotografen gedacht war und noch an verschiedenen anderen Kunstinstituten gezeigt werden sollte, 200.000 Dollar selber aufgetrieben und von der NEA schlappe 30.000 dazubekommen. Die Corcoran Gallery in Washington D.C. sollte als nächstes Institut die Ausstellung übernehmen und bekommt nun kalte Füße, die umstrittene Show wird gestrichen. Knapp 1000 Menschen demonstrieren gegen diese Entscheidung, indem sie einige Arbeiten Mapplethorpes von außen auf das Museum projizieren. Die Demonstration wird neben einigen Künstlervereinigungen vor allem von Gay-Rights-Gruppen getragen. Die, die von der symbolischen Attacke gemeint waren, hatten verstanden. Pat Buchanan verwendet daraufhin in bezug auf Serrano und Mapplethorpe wiederholt den Begriff »Degenerate Art«, die übliche Übersetzung des Nazi-Ausdrucks »Entartete

Kunst«, und der gouverneurable D'Amato bringt es (zu Serrano) zu dem vielzitierten Bonmot: »He's not an artist, he's a jerk.«

Gott (»Einer von uns«, J. Osborne) schlägt zurück

Im Verlaufe der 80er Jahre waren schwule und lesbische politische AktivistInnen einerseits und KünstlerInnen aller Orientierung andererseits näher zusammengerückt. Schon nach wenigen Jahren AIDS-Krise war klar, daß die ignorante und feindselige Politik der Reagan-Regierung im Zusammenhang mit der kulturkämpferischen Aufrüstung »gegen Schwule und Perverse« physisch wie politisch seine Opfer in unverhältnismäßig hohem Maße vor allem im schwulen und hedonistischen Boheme-Milieu von SoHo, San Francisco und Hollywood gefunden hatte. Die offizielle AIDS-Politik der Prä-Rock-Hudson-Epoche ließ sich auch nur vermitteln, wenn zumindest die Radikalen unter den Regierenden offen bestimmte Stereotypen bedienten, die im Heartland und Bible Belt verstanden wurden. Nicht unpassend, daß die Opfer, wenn nicht schwul, dann drogensüchtig und wenn prominent, dann Verbreiter obszönen Materials waren. Künstler waren nach Armen und Schwarzen eine dritte Gruppe, die übermäßig viele AIDS-Opfer zu beklagen hatte (natürlich weniger als die erstgenannten und natürlich nur in prozentualen, nicht in absoluten Zahlen). Im Gegensatz zu den ersten beiden aber waren diese in der Lage, sich nicht nur besser zu äußern, sondern auch Gehör zu finden.

SoHo repolitisiert sich

Politisch operierende Künstlergruppen waren zudem auch um andere Issues herum in den (späten) 80er Jahren in New York wieder zuhauf entstanden: von den feministischen Guerilla Girls über die starke Künstlerfraktion in ActUp (die auch Strategien und Erscheinungsbild dieser schwul-lesbischen Gruppe stark bestimmte) bis zu Grand Fury und Group Material. Diesen Gruppen war es teilweise gelungen, Aufmerksamkeit auch für eine relativ radikale Kritik an der AIDS-Politik der US-Regierung und die sie hervorbringenden latenten und offenen Rassismen, Sexismen und Homophobien zu finden[7]. Es war also kein Wunder, daß sich die neue rechte Kulturkampf-Koalition zunächst auf einen Künstler einschoß, der Homosexualität (auch über die Darstellung männlicher homosexueller Praktiken), allgemeine Libertinage und ein gewisses für Exzesse stehendes New Yorker 70er-Jahre-Künstlertum[8] verkörperte und auch noch gerade eben an AIDS verstorben war. Sie hatten damit für ihre neue Stufe des symbolischen Kriegs, der sich eben nicht mehr auf einzelne Symbole, sondern die Symbole einer bestimmten Symbolproduktion bezieht, den geeigneten Kandidaten gefunden.[9] In der deutschen und anderen kontinentaleuropäischen Interpretationen wird die Re-Politisierung amerikanischer Kunst um Issues wie AIDS, Obdachlosigkeit, feministische Themen und Repräsentation von Frauen und Nichtweißen in kulturellen Institutionen vor allem während der zweiten Hälfte der 80er Jahre gerne als ein relativ kontingenter Wechsel künstlerischer Strategien begriffen, der auch anders hätte ausgefallen sein können und vor allem einer gewissen Müdigkeit und Sterilität vorangegangener Strategien und Modelle geschuldet gewesen sei. Aus Neo-Geo war nichts mehr herauszuholen, da sind sie halt politisch geworden. Auch dem Neo-Aktivismus freundlich gesonnene VertreterInnnen der deutschen Rezeption betrachteten diesen oft als einen zwar berechtigten oder bedenkenswerten Einschnitt, aber als Strategienwechsel aus gänzlich freien Stücken. Daß es für die Blödheit deutscher Berichterstattung keine Grenze gab, zeigte ein »Spiegel«-Artikel seines US-Korrespondenten Matthias Matussek, der anläßlich der als »PC-Biennale« viel gescholtenen 93er Whitney-Ausstellung jeden Gebrauchswert antirassistischer oder feministischer Äußerungen anzweifelte, »da wahrscheinlich nur wenige Museumsbesucher für die Wiedereinführung der Sklaverei und Schleierpflicht sind.«[10]

»Tortured Artists«

Tatsächlich war die Politisierung das Ergebnis einer Mischung aus mehreren Faktoren: Einerseits konnte es den KünstlerInnen der 80er nicht entgehen, daß in ihren Kreisen eine soziale und medizinische Katastrophe sich ereignete, deren Opfer in ähnlicher Weise behandelt und nicht behandelt wurden, wie die immer schon Ausgeschlossensten und Marginalisiertesten (haitianische MigrantInnen, Obdachlose etc.) und oft die ganze Härte nicht nur der stigmatisierten Krankheit, sondern des ohnehin skandalösen Gesundheitssystems der USA zu spüren bekamen. Dazu kam, daß die Krankheit in allen populären Darstellungen als das Resultat eines Lebens nach bohemistischen und emanzipatorischen Werten dargestellt wurde: experimenteller Sex, keine Familienbindung, Drogen, Hedonismus, Transgression etc. Andererseits waren sie noch umgeben von einer Künstler-Community, der es (wenigstens ökonomisch) so gut ging wie in der Geschichte der Bildenden Kunst (seit ca. Rubens) nicht mehr. Diese tendenziell extrem widersprüchliche gesellschaftliche Plazierung, ganz oben und ganz unten, die ja traditionell auch in früheren

Künstler- und Boheme-Modellen und -Mythen auftauchte, war gerade in dem Moment auf eine extreme Weise ins Leben zurückgekehrt, in dem man sie als analytische Kategorie verabschiedet hatte und den »tortured artist« und die um ihn herum sich rankenden Künstlerselbstbilder nur noch belächelte. Plötzlich gab es wieder »tortured artists« in einem neuen doppelten Sinne, und das zwang jeden einigermaßen seine Umwelt wahrnehmenden Künstler seit der zweiten Hälfte der 80er dazu, sein Selbstbild zu überdenken.

Alte Abrechnungen einigen das neue Amerika

Nicht nur, um nicht in eine neoromantische Metaphorik vom zum Leiden auserwählten, aber eben auserwählten Künstler zurückzufallen und andere unangemessene Kitschigkeiten aus dem ohnehin hochemotionalen Vorgang herauszuhalten – schließlich fielen täglich beste FreundInnen, LebenspartnerInnen etc. der Epidemie zum Opfer –, war es nötig, die Logik der Stigmatisierung nicht zu verwässern und klarzumachen, wie sie auf Schwule, Haitianer, später Afrikaner, noch später Arme und Ghetto-Bewohner im allgemeinen angewandt wurde. Viele Künstler arbeiteten daran, zu zeigen, daß sie nicht als Künstler, sondern als Künstler plus x (= eine weitere zur Segregation notwendige Eigenschaft) stigmatisiert waren, daß aber gemeinsam mit dem x auch ihr Künstlertum auf der Rechnung der Konservativen wieder zu zählen begann und Gegenstand alter Abrechnungen mit Arbeitsscheuen, Hedonisten, Beatniks und Kommunistenfreunden wurde, die die neue Rechte nun über ihren Kampf gegen die NEA in den Griff zu bekommen versuchte. SoHo und East Village empfanden sich in einer Weise als umzingelte Festung, die sich zuweilen in eine allerdings nie ganz unbegründete Paranoia steigerte. Die Struktur dieser

»Bedrohung« war selber diffizil. Natürlich sind »alte Abrechnungen« an sich kein hinreichendes Motiv einer politischen Initiative wie den seit den späten 80ern andauernden Kulturkämpfen gegen die NEA. Doch läßt sich im Kampf gegen den als homosexuell oder drogensüchtig, zumindest aber infiziert geltenden Künstler, unter Zuhilfenahme eben einer schon anderweitig installierten Logik des Epidemischen (der Stigmatisierung derjenigen Welt als ungesund, schmutzig und gefährlich, die außerhalb der weißen Mittelschichts-Familie liegt), personalisiert und anschaulich ein weiterer segregationistischer Trennungstrich ziehen, der »unsere« von »deren« Kultur unterscheidet[11]. Künstler werden nicht so sehr zum Problem, weil sie Lebensmodelle vorlegen, die für die Rechte nicht akzeptabel sind. Sie stehen vielmehr dem rhetorischen Ziel der Rechten im Wege, eine einheitliche, reguläre amerikanische Kultur zu behaupten. Deren irreguläre, marginale Ränder müssen durch einen sauber kenntlichen, kulturellen Trennungsstrich unterschieden sein, damit bestimmte ökonomische Unterschiede gar nicht erst in Frage gestellt werden und als nicht naturwüchsig erkannt werden können. Diese saubere Trennung stellen aber Künstler als Mittler, Grenzgänger, in verschiedenen Welten tätige Figuren in Frage. Gerade weil viele von ihnen in den späten 80ern weniger subversiv, provokant, tabubrecherisch etc. auftraten und sich selber ständig vorhielten, wie sehr sie ins System und dessen permanente kulturelle Bestätigung integriert waren, »vernünftiger« im Sinne von illusionsloser, aber auch weniger radikal agierten, wurden sie zu einem Problem, wenn sie sich mit Stigmatisierten einließen bzw. selber die Voraussetzung zum Stigma entwickelten. Dieser Tabubruch wurde unter den Bedingungen von AIDS nicht mehr als symbolisch-künstlerischer Tabubruch rezipiert, sondern als Politik und mußte ausgegrenzt werden. Robert Mapplethorpe, dessen letzte zu Lebzeiten eröffnete Ausstellung in New York 1988 dort noch das ganz große, unbezweifelte, bourgeoise gesellschaftliche Ereignis gewesen war, bot nach seinem Tod dafür natürlich die ideale Zielscheibe. Gerade auch, weil die meisten der in seinen letzten Lebensjahren produzierten Arbeiten viel weniger provokant und tabuverletzend ausgefallen waren.

Evident: Entweder gehörst du zu einer »Kultur«, oder du bist »Amerikaner«

Der kulturelle Unterschied, wie er über die Kulturkriege zwischen Künstlern einerseits (in all ihren Aggregatzuständen als Hedonisten, Gottleugnern, Schwulen, Lesben, Kommunisten und Elite-Spinnern) und »uns Amerikanern« andererseits etabliert werden sollte, diente auch dazu, »uns Amerikaner« überhaupt erst zu definieren. Dafür mußte ein anständig furchterregendes Gegenüber in die Welt gesetzt werden, möglichst noch aus den 50ern bekannt, als wir und Amerika, der eigenen Geschichtsverklärung zufolge, das letzte Mal einig waren. Der Versuch, über ein modernisiert relaunchtes Feindbild auch das Selbstbild zu reetablieren, borgte sich dabei die Semantik von »Kultur« auch von den an sich so verabscheuten Multikulturalismus-Debatten aus. Hin und wieder konnte man dort nämlich einen Umgang mit »Kultur« vorfinden, der verdammt nahe bei »Rasse« und anderen Unüberwindlichkeits- und Naturwüchsigkeitsvorstellungen angesiedelt war. Und es ging ja den Rechten im Unterschied zu den Multikulturalisten darum, den kulturellen Unterschied wasserdicht gegen Grenzgängertum und Relativierungen zu machen. So wie Schwarze, Latinos etc. bei manchen Multikulturalismen für eine »andere Kultur« stehen und sich teilweise gar selbst als unüberwindbar anders beschreiben, so kann man nun umgekehrt auch schwule Künstler und linke Lesben als »rassisch« anders beschreiben. Sie sind nicht einfach Künstler – ein Beruf, den jeder von uns ergeifen könnte –, sondern »degenerate« und »jerks«. Die vielen im Laufe der 80er so errichteten (kulturellen, moralischen, »rassischen«, mentalen) Grenzen stehen der Betonung von eigenen Eigenheiten gegenüber, die uns alle verbinden. Es gibt weder unter uns Amerikanern Klassenunterschiede, noch unterscheiden sich andere von uns durch Unterschiede der Klasse: Wir sind gleich, sie sind Kultur, Rasse, Minderheit, AIDS. Ihre unmittelbaren Angriffe auf uns laufen über Sexualität und Sprache. Beides wollen sie uns einerseits verbieten, andererseits aufzwingen. Da diese Frontstellung besteht, verliert die andere, realere, der Klassenwiderspruch im Zeitalter des Sozialabbaus an Konturen und Evidenz. Evident ist, was man sehen kann: Hautfarbe und Typen wie Liberace. (Dem kommt die verzweifelte Selbst- Ethnisierung der Workers ebenso entgegen wie der Bessere-Leute-Ethnizismus, der gerade gegen den rechten Amerikanismus seine alteuropäischen oder anderweitigen Vorfahren setzt.[12])

Abstraktion der Mittel von ihrem Einsatz: Zensur, Verbot etc.

»Viele sahen in den Kunstwerken, die zur Debatte standen *(von Mapplethorpe, Serrano, Annie Sprinkle, Karen Finley – d. Verf.),* Beweise, daß Künstler versuchen würden, ein progressives Programm einzuführen, ein Programm, das auf Multikulturalismus, Schwulen- und Lesben-Rechten, Feminismus und sexueller Befreiung basierte. Das hieß für die Konservativen: Künstler sind mit antisozialen Aktivitäten beschäftigt, sie kritisieren die Familie, überkommene religiöse Vorstellungen und vorhandene Machtstrukturen.«[13]
Wie alle Kulturkämpfe wurde auch dieser bald depolitisiert diskutiert, indem sich eine dritte Instanz einschaltete, die –

von den politischen Zielen der Kulturkämpfer absehend – deren Mittel abstrakt kritisierte. Ein vergleichbares bundesdeutsches Ereignis aus den frühen 80ern, die Affäre Innenminister Zimmermann gegen Filmemacher Achternbusch, verlief prototypisch. Auf den dreisten Versuch eines klerikal-konservativen Rechten, für seine frisch an die Regierung gekommene Partei zu testen, wie weit er eine antiklerikale Linke im Namen einer »geistig-moralischen Wende« zensieren durfte, antworteten deutsche Filmemacher mit staatsfrommen Appellen gegen Zensur, die Zimmermann darüber hinaus daran erinnern wollten, wieviel der neue deutsche Film, dessen Exponent Achternbusch sei, zum Ansehen Deutschlands im Ausland beigetragen habe. Entsprechend wurde die Debatte, die in den USA als Kampf gegen Künstler und Schwule ziemlich konkret und mit Killerinstinkt von der Rechten losgetreten wurde, mit einer Debatte über Zensur und Legitimität staatlicher Eingriffe schlechthin beantwortet und Samtrevolutionär Vaclav Havel gebeten, in einer Grußadresse zu erklären, wie falsch die sei. Wer wen aus welchen Gründen zensieren wollte, blieb in der Mainstream-Version dieses Kulturkrieges mal wieder weitgehend außen vor. Der universalistische weiße Liberale hatte mal wieder Gelegenheit, Zensur jeder Art abzulehnen, gerade auch von links. Der Durst nach Sätzen, in denen die Formulierung »von beiden Seiten«, »von rechts wie von links« benutzt wurde, um Gewalt, Intoleranz oder Zensur vollmundig zu verurteilen, war gewaltig. Wir kennen diese Sätze gut aus Ausländer-Raus-Deutschland, wo vor den frisch gelöschten Flammen der Asylbewerberheime ein Politiker nach dem anderen Gewalt »von links und rechts« abzulehnen sich genötigt sah.

Herumspazierende Hakenkreuze

Es blieb Einzelkämpfern wie dem Künstler David Wojnarowicz überlassen, auf den politischen Zusammenhang zwischen dem Kulturkampf und der AIDS-Politik der US-Regierung und im weiteren mit dem Krieg gegen die Armen zu bestehen: »Meine Wut bezieht sich darauf, daß ALS ICH ERFUHR, DASS ICH DAS VIRUS EINGEFANGEN HATTE, ES NICHT MEHR LANGE DAUERTE, BIS MIR KLAR WAR, DASS ICH MIR AUCH EINE KRANKE GESELLSCHAFT EINGEFANGEN HATTE. Vor mir auf dem Tisch liegt die heutige Tageszeitung mit einem Bild von Cardinal O'Connor, der sagt, er würde gerne an den Blockaden von Abtreibungskliniken teilnehmen, aber seine Anwälte rieten ihm davon ab. Dieser fette Kannibale vom Haus der herumspazierenden Hakenkreuze an der Fifth Avenue sollte seine Steuervorteile verlieren und für die letzten paar Jahrhunderte Steuern nachzahlen. Schließ unsere Kliniken, und wir werden deine ›Kirche‹ schließen. Ich glaube an die Todesstrafe für Leute, die in Machtpositionen Verbrechen gegen die Menschheit begehen, z.B. Faschismus.«[14] Diese Zeilen stammen aus dem Katalogtext für die Ausstellung »Witness«, die zum nächsten Ziel der NEA-Gegener werden sollte. Wojnarowicz ist mittlerweile an Komplikationen, die von seiner HIV-Infektion herrührten, gestorben. Die Anzahl namhafter (und namenloser) Künstler, deren Verlust SoHo (und andere weniger prominente »Künstlerdörfer«) zu beklagen hat, nimmt weiter zu. Die meisten, wie das letzte mir bekannte Opfer vor Drucklegung, Felix Gonzalez Torres, sind in etwa in meinem Alter. Cardinal O'Connor hat dagegen noch keine gerechte »Strafe« ereilt.

Rap – das Nachfolgeziel

Erst seit dem Ende der Bush-Ära hat sich für die rechten Kulturkämpfer ein neues Terrain ergeben[15]. Dieses Terrain heißt Rap und vereinigt eine merkwürdige Koalition von den üblichen Verdächtigen von Rechtsaußen mit Teilen etablierter und konservativer schwarzer PolitikerInnen und KinderschützerInnen wie Tipper Gore, aber auch schwarzen Feminstinnen und eher liberale schwarze Politikerinnen wie C. Delores Tucker. Die vom gesamtliberalen Idealsubjekt herbeigesehnte Koalition von rechts und links im Namen von Zensur, gegen die es noch einmal seinen unpolitisch abstrakten Liberalismus ins Spiel bringen kann, schien Wirklichkeit zu werden. Was mit einer Anzeige gegen Luther Campbell (Luke Skywalker) und seine Band 2 Live Crew im Juni 1990 begonnen hatte, steigerte sich mit der öffentlichen Kampagne gegen Ice-T und seine Band Body Count, in die sich der damals noch wenige Monate amtierende George Bush von höchster Stelle einmischte, und führte 1995 zu Hearings und verschärften Kampagnen gegen Rap, die jetzt ausgerechnet Robert Dole zu seiner Herzensangelegenheit gemacht hatte, der jedesmal, wenn er auch nur nach einem sachlichen Detail in Sachen Rap gefragt wurde, offenbarte, in anderen Jahrhundertvierteln zu Hause zu sein. Dabei unterstützte ihn dann die prominente, afroamerikanische Politikerin Tucker mit der Begründung, für einen Erfolg gegen den frauenfeindlichen Gangsta-Rap würde sie auch mit dem Teufel koalieren. Aber auf der anderen Seite haben schon seit den ersten Attacken gegen 2 Live Crew (wg. Obszönität[16]) und Ice-T und Body Count (wegen Aufforderung zum Polizistenmord) verschiedene afroamerikanische Intellektuelle, zunächst die »public intellectuals« Henry Louis Gates jr. und Houston A. Baker[17], aber auch dezidiert feministische Autorinnen und Aktivistinnen wie Tricia Rose oder Queen Latifah, versucht, den

Fall den liberalen Gesamtzensurgegnern aus den Händen zu nehmen und auf die Spezifizität von Sprechsituationen, die Komplizierung durch Vermarktung und Dekontextualisierungen etc. und auf den Unterschied zwischen den spätestens seit dem Fall Rodney King überaus verständlichen Empörungen eines Ice-T einerseits (»Copkiller«) und den Pubertätsjungsschmuddeleien einer 2 Live Crew andererseits hinzuweisen (die freilich auch kein Verbot rechtfertigten)[18]. Es schien aber auch für diese AutorInnen erst mal nichts anderes übrigzubleiben, als die Diskurse der Verbotsbefürworter und deren liberalen Gegner zu dekonstruieren. Die Rapper verwiesen wie immer, aber selten einmütig und einstimmig, daß sie eh nur das wiedergeben, was auf der Straße geredet werde und man sie als Überbringer permanent mit der Ursache der schlechten Nachricht verwechsele. Nicht ohne darauf hinzuweisen, daß sich artikulierende Schwarze in den USA noch nie gern gesehen waren. Ein Leserbriefschreiber brachte es in der »Newsweek« auf den Punkt: »To understand the hip-hop culture's rage and hate, you must understand that we hate with good reason. That hip-hop expresses itself in words is good. The upper classes should thank God that hip-hop has no IRA to go with our Sinn Fein.«[19]

Back to Campus

Künstler im weitesten Sinne haben sich im Laufe der späten 80er in den USA in einer Weise repolitisiert, daß auch Forderungen verabschiedet werden konnten und Versuche und Modelle entstanden, die unmittelbar auf Verhalten Einfluß nehmen sollten: Museen wurden auf abwesende Frauen hingewiesen, Universitäten auf geduldete Rassismen und auch das eigene, allzu naiv-»naturwüchsige« Verständnis von (männlicher) Rebellion (etwa in seiner Repräsentation im Rock) wurde einer Revision unterzogen. Das wäre dann die Geburtsstunde von Political Correctness im neueren Sinne: der Versuch, eine IRA für eine in die Defensive gedrängte Sinn Fein zu finden, wobei es natürlich immer noch nur um symbolische, nicht um militärische Auseinandersetzungen ging. Doch wurde schon die Forderung, daß sich im Symbolischen an Institutionen wenigstens die Konsequenzen der Bekenntnisse zu Gleichbehandlung wiederfinden sollten, oft als Terror beschrieben und in die bekannten weinerlichen Lamenti über PC-Schwadrone gegossen.

Linientreue Linksnietzscheaner gegen liberale Erziehung

Paul Berman[20] kennt den Ausdruck »politically correct« als zunächst lobenden unter amerikanischen Leninisten für »politisch zuverlässig« und »linientreu«. Später, während der Studentenrevolte, wird er dann eher ironisch und spöttisch für Ultra-Orthodoxe gebraucht. Viele Autoren, darunter Richard Ohmann[21] und Jeffrey Williams[22], nennen das Erscheinen von Allan Blooms »The Closing of the American Mind« als den Beginn der Anti-PC-Kamapgne (vorher gab es auch keine nennenswerte Verwendung von PC als rechtes Feindbild). 1987 erscheint aber nicht nur Blooms Abrechnung, sondern auch einige andere, nicht minder erfolgreiche Attacken auf Academia, darunter Roger Kimballs »Tenured Radicals« und Dinesh D'Souzas »Illiberal Education«. Beide Autoren machen seitdem fette Karrieren auf dem Anti-PC-Ticket, was vor allem bei D'Souza zu mittlerweile flagranten Neo-Rassismen der Bell-Curve-Schule geführt hat. Alle drei beklagen explizit Vorgänge auf dem amerikanischen Campus. Es geht noch nicht so sehr um Speech-Codes, bedrohliche Feministinnen und Afro-Zentristen, sondern um den Einfluß von »kontinentaler

Philosophie«, besonders französischer Dekonstruktion, »left Nietzscheans« (wie z.B. Foucault), Marxismus in erneuerten Spielarten (Althusser, Gramsci-Revival) und darauf aufbauend gegen neue Fächer – wie natürlich Gay and Lesbian Studies, Women's Studies etc. an den Hochschulen. All diese Theorien würden nicht nur den amerikanischen Konsens in Frage stellen, sie täten das auch mit philosophisch unamerikanischen, nämlich relativistischen, situativen und kontextbezogenen Denkweisen, die verhinderten, daß man noch wahr und falsch unterscheiden könne.

Rote Garden

Und infolgedessen argumentierten die Betreffenden auch generell gegen zuviel Autonomie für die Geisteswissenschaften, denen eine unüberprüfbare, poetische Sprache zugeschrieben wird, mit der sie die an sich vernünftige, pragmatisch klar denkende Jugend in einen Abgrund von Relativismus entführten[23]. Komischerweise ist der ultimative Vorwurf dieser ersten PC-Bekämpfer gegen die dekonstruktive Zersetzung und ihren Relativismus in der nächsten Welle, ab 1990, ohne weiteres vereinbar mit dem Vorwurf des »Links-Faschismus« (z.B. bei C. Paglia[24]) und des »Mc Carthyismus von links«[25] etc. Diese nächste Welle der PC-Gegnerschaft, die auch den Begriff zum erstenmal exzessiv so einsetzt, als gäbe es da draußen Leute, die sich tatsächlich selber »politisch korrekt« nennen und eine Bewegung darauf aufbauen, spielt auch in der graphischen Präsentation – etwa im Layout des »New York«-Magazins – mit der Idee, es gäbe rote Garden, Sturmtruppen, die auf den Campi der USA, und zwar von den Geisteswissenschaften aus, Andersdenkenden das Leben zur Hölle machen. Der Schauplatz dieser Campus Wars ist im Gegensatz zu den Culture Wars zwar klar auf die Hochschulen begrenzt, doch in der imaginären Umsetzung dieser zweiten PC-Welle müssen so ziemlich alle zur Debatte stehenden Hochschul-Issues nun – von der Existenz und Bedrohung durch rote PC-Garden aus furchterregenden fetten Lesben und riesigen Afrikanern mit funkelnden Augen aus – neu (bzw. ganz alt) interpretiert werden.

Oje! Wahrheiten sind nicht mehr wahr (sondern politisch)

Der zu Beginn bei Bloom noch klare Subtext einer Konfrontation von »amerikanischer Klarheit« (Analytical Philosophy, Pragmatismus) versus europäischen Irratio-Irrsinn (Nietzsche mit Marx und Freud, am Ende gar Heidegger oder Derrida) und auf einer zweiten Ebene Naturwissenschaften (Science) versus Geisteswissenschaften (Humanities) wird nun zwar von lokalen Konkreta überlagert, bleibt aber bei vielen Beiträgen, die folgen sollten, strukturierendes Element. Wobei durchgängig die amerikanische Tradition als einerseits universalistisch, andererseits als typisch amerikanisch ausgegeben wird. Die Gefahr für Amerika kommt dadurch zwar aus Frankreich, Europa, aber gleichzeitig auch aus einer anti-eurozentrischen, postkolonialen Richtung, die sich nun eher gegen das vermeintlich Europäische an Amerika richtet. PC zwingt also seine Gegner ständig, ihr Amerika mit und gegen Europa zu identifizieren. Die Marke für diese Zumutung der vermeintlich Correcten »französischer« wie postkolonialer Prägung – in einer Person wie Gayatri Spivak, indischstämmige Derrida-Übersetzerin und postkoloniale Theoretikerin wunderbar vereinigt[26] – bekommt den Namen »Dekonstruktion« oder seltener »Poststrukturalismus«. Was man sich unter diesen Reizwörtern vorzustellen hat, ist ihren warnenden Beschwörern zufolge Anathema jeder wissenschaftlichen

Tätigkeit – nämlich Leugnung ihrer Möglichkeit schlechthin, epistemologisches Voodoo. So meinte der von Bill Clinton eingesetzte Chef der National Endowment for the Humanities (NEH, also der Geisteswissenschaften-Entsprechung zur NEA), Sheldon Hackney, in einer Anhörung vor dem Senat, in der er sich von diversen, ihm zugeschriebenen »politisch korrekten« Überzeugungen distanzierte, u. a. auch, er sei besorgt über »intellektuelle Gebiete wie Dekonstruktion und Poststrukturalismus«, die er die »intellektuelle Entsprechung von Political Correctness« nennt und die behaupten, »jede Behauptung sei eine politische, und daher könne es keine Wahrheitsbeweise geben.«[27]

Das Denken von 68 wird für ungültig erklärt

Auch in den Texten des sich neutral gebenden Herausgebers einer Sammlung zu PC-Debatten, Paul Berman[28], wird die amerikanische Rezeption von »Dekonstruktion« und »französischer Theorie« stets diesem doppelten Vorwurf ausgesetzt. Einerseits entstehe da ein gefährlich apolitischer Irrationalismus, speziell deutscher und romantischer Prägung (Heidegger- und Nietzsche-Rezeption), andererseits ein nimmersatter Linksradikalismus und übertriebenes Engagement für Minderheiten (hier ist oft Foucault der Böse), was als Mischung dann ebensooft einem Krypto-Stalinismus wie einem Krypto-Faschismus zugeschlagen wird. Gleichzeitig enthalte dieses Denken zuviel Glaube an Politik (der Befreiung) und zuwenig Vertrauen in Politik (parlamentarisch-kapitalistisches Business as usual). Dieses Urteil klingt verdammt nach – gelegentlich wird es zugegeben – der vor einem Jahrzehnt sehr erfolgreichen Abrechnung mit Foucault, Derrida und Deleuze (u. a.), die Luc Ferry und Alain Renaut als »Pensée 68« (»Das Denken von 68«)[29] vorgenommen haben. Deren Identifizierung linksradikaler mit irrationalistischen Positionen paßt einfach den naiven Rationalismen, Szientismen und Universalismen jenes uns nun schon bekannten liberalen, weißen Mittelklasse-Subjekts amerikanischer Prägung zu gut in den Kram. Und zwar nicht nur, um mit neumodischen Franzosen abzurechnen, sondern auch um die New-Left-Geschichte historisch in den Griff zu bekommen, die ja im Vergleich zu ihren europäischen Entsprechungen relativistischen, situativen Ideen gegenüber viel offener war[30]. Das Denken von 68 ist so mittlerweile an allem Schuld, in Deutschland, in Frankreich und in den USA, obwohl es in allen drei Ländern natürlich völlig andere Gedanken waren, die zu dem für die Rechte so albtraumhaften Datum in den respektiven Ländern gedacht worden waren. Man ist sich aber einig, daß nur eine Zurücknahme der 68 in Bewegung gesetzten Entwicklungen eine Rückkehr zur »Normalität« ermöglicht. In einem Dualismus aus Extremismus und Exzeß versus Normalität letztere beanspruchen zu können, ist inzwichen eine der mächtigsten Waffen in Kämpfen um Definitionen und Kategorien geworden. Die Konjunktur von Normalität zieht im politischen Bereich in dem Maße an, in dem sie im kulturellen von individualistischen, flexibilistischen Modellen verdrängt worden ist.

Ein großer Mischmasch politischer Anliegen aller Art

Als Ende 1990, Anfang 1991 in »Newsweek« und dann noch bissiger in »New York«-Titelgeschichten zum Thema Political Correctness erschienen, brachten sie nicht nur das neue Zentralmotiv des Terrors prominent ins Spiel, sondern lancierten auch erfolgreich die Vorstellung der rigiden Sprachregelungen, die nunmehr alle populären Erwähnungen und Diskussionen des PC-Phänomens prägen sollten.

Dabei wurden die vielen anderen Campus-Themen, die nun auch öffentlicher diskutiert wurden – allen voran der Kampf gegen Theorie, Geisteswissenschaften und neue Fächer, sei es als Indiz für verderblichen europäischen Relativismus, sei es als Indiz für das Auseinanderfallen des amerikanischen Konsenses –, dem der »lächerlichen Sprachregelungen«, Benimmregeln etc. untergeordnet. Viele dieser in Sprach- und anderen Codes ausgetragenen symbolischen Kämpfe waren dabei nur Reaktionen auf symbolische und andere Attacken von rechts, z. B. gegen die »neuen Fächer« oder gegen kompensatorische Stipendienvergabe. Dennoch wurden diese Versuche symbolischer Politik nicht wegen ihrer Inhalte oder wegen ihrer mehr oder weniger gelungenen strategischen Mittel diskutiert oder angegriffen, sondern meistens, gerade in den populärsten Ridikülisierungen, weil sie überhaupt an symbolische Politik glaubten. In der ersten prominenten Ridikülisierung auf dem Titelbild des »New York«-Magazin, Ende 1990, werden als Beispiele für die »lächerlichen Sprachregelungen« »Native American« anstelle von »Indian« und »Animal Companion« anstelle von »Pet« genannt. Das folgt der Strategie interessierter Vermischung von berechtigten, nicht ganz neuen Kämpfen wie dem um eine historisch richtigere Repräsentation und Partizipation sogenannter Indianer in der US-Politik mit denen der *loony left*, also z.B. bestimmten Tierschutz-Gruppen, denen aber gemeinsam ist, daß sie nicht ganz unberechtigt gewisse Hoffnungen in symbolische Politik und Öffentlichkeitsarbeit legen.

Heitere Korrekturen

Noch häufiger findet man aber Ridikülisierungen, die sich überhaupt auf den Versuch beziehen, die politische Seite menschlichen Umgangs über ausdrückliche Vorschriften und Hausordnungen zu regeln – so als lebten die hierüber Amüsierten ansonsten in anarchistischen Utopien oder in Liberia. Seien es Verhaltenscodices, Bezeichnungen für Veranstaltungen, für bestimmte Menschengruppen – all das wird in dem Moment lächerlich, wo Linke oder Minderheiten diese Mittel beanspruchen, die, solange sie den Status quo regeln, das unangetastet Selbstverständlichste von der Welt sind. Was das in der Tat manchmal pervers Lustige an politisch korrekten Vorschriften ist, ist natürlich die Idee der Ordnung selbst, der Glaube an abstrakte Vorschriften und der Abgrund, der normalerweise zwischen diesen und dem sogenannten Leben klafft. Darüber läßt sich's trefflich ausschütten. Am Arts Center – College of Design in Pasadena, wo ich manchmal unterrichte, ist z. B. »verbal abuse disguised as humour« verboten, was sich in internen Späßchen gut auf »aesthetic abuse disguised as art« oder »intellectual abuse disguised as theory« übertragen ließ. Ein komisches Element liegt dazu generell in Versuchen, über eine Abstraktion oder Generalisierung etwas in den Griff zu bekommen, was noch keine Vorschrift vorher versucht hatte. Zum Lachen ist der Gestus der Vorschrift, der bekannte konkrete Verhaltensweisen vergleichbar und justitiabel machen muß. Genauso entstanden etwa Formulierungen wie »Erregung öffentlichen Ärgernisses« oder »Landfriedensbruch« oder »Widerstand gegen die Staatsgewalt«. Alle drei sind Beispiele von Abstraktionen wie sie Gerichtsdienerhumor, Schwänke über das »bayerische Amtsgericht« oder das »heitere Bezirksgericht« seit Urzeiten bevölkern, ohne daß davon die Gerichtsbarkeit an sich in Frage gestellt wird. Nur daß die Vorschrift nun von links oder von Minderheiten kommt, denen politische Gegner nicht nur skeptisch gegenüberstehen, sondern denen auch gerne ein Anarchismus und kontrollfreier Befreitheits- und/oder Regellosigkeitszustand zugeschrieben wird (ob das die Regellosigkeit des Paradieses oder die Anarchie des Ghettos ist, ist dem auf sein Regelungs-Monopol bedachten Spießer erst mal egal), macht sie zu einem Dauerquell eines Amüsements. Linke lachen entsprechend gerne über PC mit dem Anti-Reformismus-Argument (oder anderen entsprechenden, die Praxis aufschiebenden Argumenten) im Rücken: das Sich-unmittelbar-zuständig-Fühlen, diese distanzlos amerikanische Art, sich direkt angegriffen zu fühlen und Unterlassung zu verlangen, die Art und Weise der Unterlassung am Ende gar regeln zu wollen und das dann sogar noch auf der Ebene von Theorie zu legitimieren. Das ist alles viel zu unfein für die einen, zu praktisch für die anderen. Dabei ist es ja in der Tat komisch, wie die Gegenmacht, mit weit geringeren Erfolgsaussichten natürlich, sich den Techniken der Macht bedient – Vorschriften, Gesetze etc. Nur wird das Als-ob des Selbstermächtigungsgestus und seine Inszenierung von Kritik nicht gesehen. In vielen Fällen haben PC-Initiativen selber genau den Humor gehabt, den die zu haben glauben, die doofschlau darüber lachen, daß Beherrschte sich herausnehmen, wie Herrschende zu reden.

Ist der Rassist auch wirklich wieder lieb?

Eine solche Argumentation verkennt u. a. auch, daß natürlich ein Großteil der sexistischen und rassistischen Gewaltmaßnahmen, Zuschreibungen, Belästigungen, Ausschließungen und Benachteiligungen sich auch auf sprachlicher und Verhaltens-Ebene abspielen, bzw. in sozialen Situationen, die zumindest sprachlich vermittelt sind. Sie legen auf sprachlicher Ebene für die Beteiligten fest, wem welche sozialen Räume zustehen, wer wie weit gehen kann und – im Sinne Judith Butlers – »sich aus Konventionen ableitend diese inszenieren«[31] kann, und das zu einem großen Teil über eine bestimmte Wortwahl. Die Bezeichnung »Afro-Amerikaner« setzt also nicht gesellschaftlich durch, daß die gemeinte Gruppe besser bezahlt, häufiger eingestellt oder gleichwertiger ausgebildet wird, aber sie bremst, verändert, mildert und ächtet die Gewalt jenes alltäglichen pychologisch-verheerenden Rassismus, der fortgesetzten Identifizierung und Definition einer Person über und mit einer »Rasse« und den dieser zugeschriebenen Eigenschaften. Solche Eingriffe ins Alltägliche sind aber auch Voraussetzung für eine Selbstverständlichkeit der Gleichbehandlung, die über kompensatorische Politik hinausgeht. Daß dabei den potentiellen Subjekten von Rassismus ihr per Sprachregelung korrigiertes Tun irgendwie erzwungen und unnatürlich vorkommt, ist ihnen nicht nur zumutbar. Den potentiellen Opfern ist es darüber hinaus wahrscheinlich egal, ob potentielle Peiniger sie aus innerer Läuterung oder äußerem Zwang in Ruhe lassen. Daß die Verhältnisse, die Rassismus hervorbringen, bzw. für die er konstitutiv sei, sich dadurch nicht ändern lassen, daß rassistische Sprache unterdrückt werde, ist ein metaphysischer Einwand: Solange die diskursive Aktivität des Rassismus tatsächlich zurückgedrängt werden kann, haben sich die Verhältnisse geändert. Man muß nicht die Sanktionen gegen Mord aufheben wollen, nur weil das »System« immer noch Mörder hervorbringt.

PC als »Diskurspolitik«: von der Umverteilung kulturellen Kapitals zur Sicherung mittelständischer symbolischer Besitzstände

Auf der PC-Seite trafen sich auch zwei Richtungen: zum einen jene altamerikanische Idee, die gut puritanisch an das Vermeiden »schlechter Wörter« glaubt, an ein sauberes Benehmen, das schon auf der symbolischen Ebene falsches Verhalten ausschließt. Diese Idee lebte in bestimmten linken und minderheitenpolitischen Kreisen wieder auf.[32] Zum anderen die von Foucault und vom Dekonstruktivismus geprägten KulturarbeiterInnen – vgl. IV. –, die von der Neueinschätzung des »Diskurses« ermutigt, oft naiv, begannen, »Diskurspolitik« zu betreiben und so neue Möglichkeiten für die erstarrte neue Linke suchten (und teilweise fanden). Diese Vorstellung wurde aber nur denkbar durch das gleichzeitige und relativ autonom von theoretischen Entwicklungen (vor allem von solchen in Europa) eingetretene Erstarken minoritärer Diskurse und Forderungen in der US-amerikanischen Kunst und Gegenkultur, spätestens seit den mittleren 80ern auch außerhalb von Campus und SoHo. Dadurch waren überhaupt erst diese Subjekte zu politisch relevanten (auch für die weißen, heterosexuellen, linken Männer) geworden, denen Diskurspolitik einen Vorteil bringen konnte. Vorher hatte sich der politische Kampf der Post-Bürgerrechts-Phase auf diverse Fronten verteilt, die mittlerweile oft auch separatistisch genug geworden waren, miteinander nichts mehr zu tun haben zu wollen oder gar zu Gegnern wurden (wie etwa Schwulenbewegung und gewisse Spielarten von Black Nationalism). PC als Austragungsort symbolischer Politik vereinigte nun gerade in den strategischen Konstellationen der Campus- und Kunstpolitik einige dieser Fronten wieder, die oft nur gemeinsam hatten, sich von altlinker Opposition zu unterscheiden, manchmal zum Nachteil erhaltenswerter linker Selbstverständlichkeiten. Ein anderes Sprechen über die Arbeiterklasse war interessanterweise selten Gegenstand von PC-Sprachregelungen. Dem relativen Solidarisierungs- und Einigungspotential stand ein Abkoppelungspotential gegenüber. Die Tatsache z. B., daß Campus-PC sich völlig zu Recht als »redistribution of cultural capital« (Gates) verstand, führte auch zu einer nicht immer gerechtfertigten

Beschränkung auf Campus-interne Strategien. Diese neuen Kampfmittel wurden zuweilen jenseits ihrer politisch-sozialen Herkunft und Rolle in der Hochschulpolitik dann auf karrierrestrategisch eingesetzte Konformitätsstrategien reduziert. Hanna Behrend argumentiert, daß die Beschränkung von PC auf Academia – erst recht in Deutschland – dazu geführt hätte, daß dessen Sprach- und Denkgewohnheiten, von ihren Gegenständen in der außeruniversitären politischen Realität abgelöst, nur noch Kontroll- und Vereinheitlichungsfunktion in den geisteswissenschaftlichen Konkurrenzkämpfen übernommen hätte. »Die ihrer ursprünglichen Bedeutung beraubten, zahnlos gewordenen Begriffe aus früher subversiven Diskursen bilden den Diskurs der politischen Korrektheit, der das eigentliche Anliegen des politischen oder kulturellen Hegemonialdiskurses verschleiert.«[33] Er sei insofern eine Innovation des Herrschaftsdiskurses, als dieser zwar stets seinen eigentlichen Sinn verschleiere, aber nur selten, in gewissen Diktaturen, mit den Mitteln der Gegner. Die Voraussetzung zu so einer Entwicklung ist allerdings eine relativ massive Abgekoppeltheit von Academia, die so in manchen Bereichen, aber kaum durchgängig zu beobachten ist, sowie andere theoriepolitische Einschätzungen der Autorin, die ich nicht teile.[34] »Der Umstand, daß Intellektuelle meist mit Intellektuellen zu tun haben, sollte sie nicht dazu verführen, ihresgleichen für noch gemeiner zu halten als den Rest der Menschheit.«[35] Wenn überhaupt, ist in Deutschland ein PC-Konformismus in unteren akademischen Regionen zu finden, und auch das seltener als das vollmundige professorale Gelächter über eben jene Correcten. Mir scheint Behrends Beitrag eher als theoretischer Einwand denn als Beobachtung und Diagnose interessant. Könnte ein PC-Diskurs diese Funktion haben und hatte sie vielleicht eine konforme Linke in den 70ern? Nur dann, wenn PC oder ein solcher

Diskurs nicht mehr die Politik der Anwesenden und das Anwesendmachen von Abwesenden zum Ziel hat (vgl. Kapitel V), kann es zu den dargestellten Verselbständigungen und Entkoppelungen kommen.

Richtig statt korrekt: im weiteren Sinne politisch

Die an PC- und Campus-Politik Beteiligten waren aber in der Regel nicht nichtrepräsentiert, sondern entweder fehlrepräsentiert oder Repräsentanten der Unterrepräsentierten, mithin schon an institutionelle und offizielle Diskurse angeschlossen, aber nicht in der richtigen Weise. Was ihnen erlaubte, den nächsten Schritt der emanzipatorischen Entwicklung als eine weitere, engere, bessere Anschließung und Repräsentation in offiziellen Diskursen zu denken. Viele waren auch persönliche Nutznießer von Affirmative Action gewesen, so daß sie die Erweiterung, Verbesserung und Intensivierung solcher Programme vorschlagen konnten, während PC-Gegnerschaft in den USA vielerorts mit der – inzwischen teilweise erfolgreichen – Gegnerschaft zu Affirmative Action in Verbindung stand. Von Jane M. Gaines erfahren wir, daß »politically correct« schon in den frühen 70ern ein wichtiger Terminus in feministischen Debatten in den USA gewesen sei.[36] Sie führt sein erstes Auftauchen dort auf eine Anspielung auf einen Mao-Text zurück, der auf deutsch interessanterweise »Woher kommen die richtigen Ideen der Menschen« hieß. Die Übersetzung »richtig« für »correct« ist denn auch viel plausibler als das an preußische Disziplinierungsregimes erinnernde »korrekt«, das natürlich von interessierter Seite gerne lanciert wurde, allein schon, um dem alten Stereotyp von der lustfeindlichen, puritanischen, aber gnadenlos konsequenten Linken der Linie Robbespierre-Wehner-Honecker zuzuspielen. In »politisch richtig« wäre aber u.a. eine Bedeutungsverschiebung zum Zuge gekommen, die auch die Semantik von »richtig« berührt hätte. Politisch richtig hieße dann nicht »auf die Politik bezogen ewig wahr und vorbildlich«, sondern enthielte auch eine Einschränkung, die in der Nachbarschaft von »strategisch« wohnt: politisch richtig ist nicht unter allen Umständen richtig oder gar wahr, wohl aber unter den, eben gegebenen, situativen einer politischen Frage.

Triviale und nichttriviale PC

Politisch richtig weist einer Entscheidung den Kontext und die Ebene zu wie Margritte, wenn er »Ceci n' est pas une pipe« berühmterweise unter seine Darstellung einer Pfeife schreibt: »Ceci n'est pas une autre culture.« In diesem Sinne kann man auch zwischen einer trivialen und einer nichttrivialen Gebrauchsweise von Sprachregelungen unterscheiden. Die triviale wäre die Ersetzung einer Bezeichnung durch einen Euphemismus bei weitgehender Erhaltung ihrer Bedeutung, also der Fall, der den üblichen Ridikülisierungen von PC als Vorlage für endlose und zahllose Varianten über Ausdrücke a la »vertically challenged« für »kleinwüchsig« zugrunde liegt. Dies ist aber auch genau der Fall, wenn Mainstream-Medien eine Gruppe aus schwarzen und weißen US-Amerikanern »multikulturell« nennen, obwohl die Betreffenden keine »kulturellen Differenzen« vorzuweisen haben und »Kultur« die Bedeutung von »Rasse« übernimmt, ohne an deren Problematik irgend etwas zu ändern. Ein nichttrivialer Gebrauch von Sprachregelungen und anderen symbolisch-politischen Strategien verändert tatsächlich die Semantik, etwa vom anthropologisierenden »Negro« zum genealogisch historischen »Afro-American« oder noch deutlicher »African American«. Doch wäre darüber hinaus ein Vorgehen denkbar, das tatsächlich im besten Sinne dekonstruktiv in dem Sinne wäre, daß es keine, auch gutwillige Zuschreibungen oder Anerkennungen auf Dauer bestehen ließe und auch den Verfall symbolischer Erfolge mitbedenken würde.[37] Dies wäre ein Vorgehen, das man gelegentlich bei besonders begabten KünstlerInnen in der Pop-Welt vorfindet, die ihre Rolle als RepräsentantInnen als konstitutiv für die Kunst im Pop-Universum ansehen.

Segregation, Sezession, Separation – vom Namen zur Nation zum Blut?

Das Aufkündigen des Konsenses, des Common Sense und des geläufigen und selbstverständlich naturwüchsigen Glaubens an die Wahrheitsproduktionsmaschine Science erhält gerne den Namen dessen, wogegen die projizierten Subjekte des Kampfes, radikale Schwarze z. B., doch am ehesten sein müßten: z. B. Segregation. Gerne läßt man es in dem u. a. von Gary Trudeau für einige Episoden seines Tageszeitungscomics »Doonesbury« heiter erzählten Topos gipfeln, die Kinder der Bürgerrechtsgeneration würden ihrerseits die Zustände vor diesem Kampf wieder einführen wollen[38]. In Trudeaus Geschichte wird ein College-Dekan vom Vertreter der African American Students zu immer neuen Zugeständnissen gedrängt, die sein liberales Herz bluten lassen. »Was ist jetzt«, fragt er sarkastisch, als der Vertreter der schwarzen Studenten wieder bei ihm vorstellig wird, »wollen die schwarzen Studenten getrennte Waschgelegenheiten?«, auf die berüchtigten Toiletten des segregierten Südens anspielend. »Unglaublich! Und ich bin mit Dr. King durch Selma marschiert.« Sprachregelungen z. B., die Personen unterschiedlich und gemäß ihres Selbstbildes ansprechen sollen, würden, so die These, zu einem Einklagen unterschiedlicher Behandlung, segregierter Unterbringung etc. führen. Teilweise hätten partikularistische Schwarze (und von anderen Minderheiten betriebene) Studenten-Organisationen dies sogar schon bis hin zur neuen Segregation auf dem Campus verwirklicht. Dies scheint darüber hinaus einem gern ausgerufenen größeren Trend in der US-Politik zu entsprechen und zu bestätigen, daß (Selbst-)Ethnisierungen, Identitäts- und Community-Politik auf allen Ebenen – Campus, Vorstadt, Ghetto, Washington – derselben Logik folgen und dasselbe bedeuten. Der von konservativer Seite dazu lancierte Kampfbegriff lautet »Balkanisierung«. Der Rechten paßt diese Ausdehnung der Segregations- und Separatismusvorwürfe bestens in verschiendene Diskurse. Zum einen läßt sich gegen Identitätspolitik und vermeintliche Separatismen bestens die eigene Selbstdarstellung als weltoffen, universalistisch und aufgeklärt betreiben. Auch wenn man sich gerade auf dem Weg zur Blockade der nächsten Abtreibungsklinik befindet. Zum anderen ergänzen die Separatismus- und Balkanisierungsszenarios das von Bloom und anderen vorgegebene Desintegrations-Bild von Campus, Kultur und Wissenschaft durch Parallelen in der echten Politik. Im Zeitalter rechtsradikalen Terrors ergeben sich daraus en passant auch Rot-gleich-Braun-Argumenthülsen, die jede Abweichung vom teuren imaginären Konsens zur gleichen Sünde schlägt. Universalismus, Konsens, Normalität und Amerika werden so zu kleinen, schwer zugänglichen Gipfeln, von denen aus der Blick auf einen heillos zerstrittenen Ethno-Balkan frei wird. Was sich dann durch Verknüpfungen mit Dritte-Welt-Positionen auf Bedrohungsszenarios voller Fanatiker und Fundamentalisten global abbilden ließ. Die Angst, die diese Diskurspolitik motiviert, liegt allerdings auch darin – bei vielen Linken ist das nicht ganz unähnlich –, daß sich »auf dem Balkan« eine neue Form oppositioneller Politikfähigkeit herausbildet.

Klasse und ihre Medien

Denn auch der linke Universalismus, der nicht nur gegen den Feminismus immer schon das unsägliche Nebenwiderspruchs-Argument gebracht hat, sondern – vor allem neuerdings in Deutschland – in partikularistischen Kämpfen grundsätzlich quasi-völkische Substanzen, Blut und Rasse, im Zentrum der Identitätskämpfe ausmacht (immer seltener zu Unrecht übrigens, aber in seiner Generalisierung und seinem Unverständnis der primären identitätspolitischen Situation grundsätzlich zu Unrecht), mag es nicht, wenn Identitätspolitiken ihm das Heft aus der Hand nehmen. Unterdrückung zeigt sich aber nicht und niemandem in ihrer universellen Verhältnissen geschuldeten Abstraktheit, sondern in einem konkreten kulturellen und politischen Medium, an dem jeder Widerstand – solange die Betroffenen etwas damit zu tun haben sollen – zwangsläufig ansetzen muß. Für das weitere Schicksal der Bewegung ist dann auch ausschlaggebend, ob Modelle der Verknüpfung oppositioneller Politiken und Praktiken zur Verfügung stehen. Wenn, wie Stuart Hall es formuliert, »Rasse« das Medium sei, in dem Klasse gelebt werde[39], wäre es reduktionistisch, daraus zu schließen, der Klassenkampf lasse sich nur als antirassistische Symbolpolitik (oder eben in diesem Sinne: Medienpolitik) führen. Aber er muß auch auf dieser Ebene geführt werden. Klassische Reformismuskritik wirft solchen Maßnahmen erst recht vor, sie würden an den Symptomen doktern (»Rasse« als Symptom von Klasse), im sogenannten Triple-Oppression-Ansatz (»Rasse«, Klasse, Geschlecht) und anderen Unterdrückungstheorien und Subaltern Studies wird die Vorgängigkeit von Klasse bestritten. Mir scheint, daß sowohl mit diesem Ansatz, aber auch mit der noch etwas mehr vom traditionellen Marxismus geprägten Formel Halls möglich ist, zu begründen, warum es nicht eine Alternative zwischen Klassen- und anderen Kämpfen gibt und das eine das andere widerlege. »Die große homogene Funktion der gesellschaftlichen Klasse ist eine Kategorie, mit der gerade die guten HistorikerInnen ihre Schwierigkeiten haben. Wie die organische Gemeinschaft verschwindet sie immer, wenn man sie fassen will, gerade hinter dem Horizont.«[40] Ist also nicht Klasse ohne Medium genauso wenig zu haben, wie etwa bei Lacan das Reale ohne Symbolisierung? Was ja gerade nicht hieße, daß Klasse zu vernachlässigen wäre.

Strategien als Institutionen

Daß Identitätspolitik, wenn man darunter alle Kämpfe zusammenfassen will, bei der eine Gruppe eine Benachteiligung[41] mindestens zum Bestandteil, wenn nicht zum Unterscheidungs-Kriterium einer Selbstbeschreibung erklärt, immer an einem bestimmten Punkt in einen konservativen Lobbyismus, wenn nicht in Schlimmeres umschlagen kann, hat sie mit allen partikularen und partiellen Bewegungen gemeinsam. Doch steht diesen keine mögliche universelle radikale, die Wurzeln packende Lösung gegenüber. Es bleibt nichts, als partikulare Kämpfe einer bestimmten Strategie eine Weile zu unterstützen, sie dann von innen umzugestalten oder zu verlassen, wenn das möglich ist. Henry Louis Gates jr. schlug gegen die Warnung der Feministin Cynthia Ozick, »Strategien könnten Institutionen werden«, vor, diesen Fall als Erfolg zu definieren.[42] Das wäre die klassische, bei US-amerikanischen Linken sehr verbreitete Demokratie-Gläubigkeit, einzelne politische Probleme ließen sich isoliert lösen, ohne ihre Umgebung umbauen zu müssen. Doch wäre der gegenteilige Glaube genauso falsch: es gäbe keine sinnvolle Politik außer revolutionärer Politik. Die westlichen Staaten und Ökonomien bieten eine Fülle von Möglichkeiten, institutionelle wie warenförmige, um politische wie individuelle Ziele kurzfristig erfolgreich zu verfolgen. Dann versteinern diese Wege sehr schnell, werden zum Bestandteil von institutioneller Macht und/oder leerer Austauschbarkeit. Doch verlaufen die Karrieren von Personen und Bewegungen, von Moden und Politiken nicht monokausal und linear, sondern gewunden, verschlungen und voller Verflechtungen und innerer Spaltungen und Ausdifferenzierungen, auch der Moment des Umschlags und der Verflechtung passiert nicht einfach und einmalig, sondern kann sich wiederholen, braucht nur Teile der Bewegung, der Gruppe zu betreffen etc. Es kommt darauf an, sich in diesem Geflecht radikal politisch zu verhalten, ohne auf die eine Radix hoffen zu können, die auszureißen früher die antireformistische, revolutionäre Radikalität begründen konnte.

Und im Campus-Alltag? Strategie und Taktik

Einerseits gibt es völlig berechtigte Schutz- und Sicherheitszonen und -maßnahmen, die innerhalb integrierter Campi gefordert werden und nicht nur Ruhe vor nervigem Alltagsrassismus (und -Sexismus) bieten könnten, sondern an vielen Orten auch gegen die immer noch massiven Angriffe (aller Art, nicht nur, aber auch physische) durch konservative Studenten, »Fraternities« (burschenschaftenartige Elite-Organisationen), je nachdem wie die lokalen Machtverhältnisse strukturiert sind. Auf der anderen Seite findet, wenn auch in geringerem Maße, der tatsächliche Rückzug in kulturalistisch definierte »eigene« Territorien statt, wie allgemein ein Anstieg an Partikularismen unter kulturalistischen und ethnizistischen Vorzeichen. Letzteres läßt sich auch aus den vielen enttäuschenden Erfahrungen der Nach-Bürgerrechtsperiode erklären: Wo sich der Status quo immer wieder hinter den scheinbar nicht hintergehbaren Selbstverständlichkeiten der Kultur verpanzerte, schien es sich anzubieten, entweder diese anzuzweifeln oder dem eine ebenso nicht hintergehbare, andere, »eigene« Kultur gegenüberzustellen. Die erste Reaktion ließ sich in der Tat mit dekonstruktivistischen Ansätzen zu einem Generalangriff gegen die kolonial und eurozentristisch geprägten Selbstverständlichkeiten der Bildungsinstitutionen verbinden, die zweite führt schlimmstenfalls zu Brauchtumsorganisationen und/oder der Nation Of Islam[43]. Was nicht heißt, daß jede Identitätspolitik zu Essentialismus – einem Glauben an unveränderliche Wesenhaftigkeiten (einer Gruppe) – führt und nicht jeder Essentialismus etwas Vergleichbares zu dem entwickelt, was an der N.O.I. zu Recht so massiv abgelehnt wird: Antisemitismus, traditionelle Frauenrollen, Homphobie. Obwohl selbst die N.O.I gewisse oppositionelle Effekte hin und wieder erzielt. Gayatri Chakravorty Spivak, die den Begriff des strategischen Essentialismus entwickelt hat, bemerkte[44], daß auch dieser mitunter in die Hände einer Arroganz derjenigen fällt, die sich viel darauf einbilden, etwas Feineres zu tun als alltägliche Identitätspolitik. Dabei ist es natürlich eine Unterstellung, daß jede Politik, die sich auf fremdbestimmte Strukturen, Zuschreibungen, bezieht, also auf dem Feld der Gegner operiert, an »Wesenhaftigkeit« glaubt und nicht »Identität« genauso situativ, nämlich taktisch[45] einsetzt[46]. Privilegierte Identitätspolitiker, die aufgrund von Machtpositionen tatsächlich in der Lage sind, sich eine »Strategie« leisten zu können, sowohl eine persönliche Distinktionsstrategie als auch eine politische, die der »Sache« dient, befinden sich viel eher in der Gefahr, durch Institutionalisierung tatsächlich essentialistisch zu werden. Spivaks Kritik an einem abstrakten Anti-Essentialismus läuft auch darauf hinaus, daß man Essentialismus von politisch begründeten Positionen unterscheidet. Das heißt auch, nicht fortgesetzt Essentialismen falsche Politik vorwerfen zu können. Die Gefahr essentialistischer Positionen liegt eher darin, daß diese Position zu begründen das eigentliche politische Ziel wird und nicht mehr die Veränderung der Strukturen, die eine solche Positionierung nötig machen.[47] Sowohl situativen AntirassistInnenen, taktischen IdentitätspolitikerInnen sowie tatsächlichen kulturellen EssentialistInnen war aber gemeinsam, daß sie die Revision von Kanon bildendenen Leselisten forderten und so von der (vor allem entsprechend interessierten rechten) Öffentlichkeit als das Gleiche wahrgenommen werden konnte.

Politik? Auf welcher Ebene?

Natürlich war auch in der Praxis nicht immer fein säuberlich zu trennen, welche politische Vernunft hinter welcher – pauschalisierend als PC oder multikulturalistisch wahrgenommenen – Intervention oder Forderung steht. Die üblichen Beschreibungen und Beurteilungen tendieren in der Regel dazu, die Ebenen – Legitimität, Effizienz und Politik – zu verwechseln: Ist die Maßnahme effizient und in welchem Sinne? Will sie denn beispielhaft für Kanon- Revisionen generell stehen, oder fordert sie symbolisch eine Öffnung für neue Diskussionen? Will sie ein konkretes Projekt fördern, versteht sie sich gar schon als Gegenmaßnahme gegen den PC-Backlash, den es bekanntlich an vielen Stellen lange vor dem, was man PC nennen könnte, präventiv gab? Oder will sie das Prinzip des Kanons angreifen oder andere Selbstverständlichkeiten, die zu Lasten von Frauen und Minderheiten gehen, aber sich durch die unausgesprochen kulturalistische Legitimierung durch Kultur stützen?

Phallus Shakespeare unter der PC-Guillotine

Propaganda und Realität unterscheiden sich bekanntlich. Fast alle PC-Topoi sind Inszenierungen von Kastrationsangst, immer soll uns etwas weggenommen werden (und gleichzeitig etwas anderes aufgezwungen). In der Kanongeschichte ist das besonders ausgeprägt, es geht nämlich gegen unser Bestes im Westen, gegen Shakespeare. Die meisten und meist publiziertesten Kanon-Revisionen haben natürlich nicht – wie John K. Wilson[48] zeigt – nach dem viel kolportierten Muster funktioniert: Wir ersetzen einen westlichen Klassiker durch einen der sogenannten Dritten Welt, sondern sie haben fast immer nur darin bestanden, daß irgendwo ein Fanon oder Nkrumah auf eine Liste obligater Lektüre gesetzt wurde, die in ihrer großen Mehrheit von den Klassikern geprägt war. Das beliebteste Beispiel, das auch in Deutschland gerne wiederholt, vor allem von Jörg von Uthman in seinen Lamenti zitiert wurde – die meisten Anti-PC-AutorInnen schreiben aus den immer gleichen Quellen ab –, ist der von Dinesh D'Souza berichtete Fall der Aufnahme der Lebenserinnerungen der Rigoberta Menchú in das Stanford-Curriculum. Von den Abschreibern meist nur namenlos als die »Lebenserinnerungen einer guatemaltekischen Bäuerin« erwähnt. Dies geschah zwei Jahre bevor die betreffende Autorin und ihre Memoiren durch den Erhalt des Friedensnobelpreises weltberühmt wurden. Ihr Text aber ist leider alles andere als das revolutionäre anti-westliche Pamphlet für anarchistische und feministische Werte, als das es D'Souza ausgibt: Sie bekennt sich zu äußerst konservativen Ideen über Frauen und Familie, und die bloße Tatsache, daß sie und ihre Familie verfolgt worden ist, ändert nichts daran, daß Teile ihres Textes durchaus als entpolitisierende Betroffenheitsliteratur gelesen werden können, die den besonders erzürnten Publizisten durchaus recht gewesen wäre. Der meistzitierte Fall eines frontalen Angriffs war die Geschichte der Stanford-Studenten, die hinter Jesse Jackson marschierend riefen: »Hey-ho Western Culture got to go!« Da zitterte nicht nur die FAZ wie Espenlaub. Schön wär's, wenn Studenten, die sich nicht mal gegen Fachbereichsstreichungen und Gebühren erfolgreich wehren können, die Macht hätten, die westlichen Kulturen abzuschaffen. Tatsächlich hatte das aber keiner im Sinn, sondern es ging um einen konkreten Kurs, der »Western Culture« hieß und umbenannt werden sollte. Was auch geschah: Auf der Leseliste des neuen Kurses gab es keinen einzigen nicht-westlichen Autor und überhaupt keine Autorin. PC-Ironie: Wer mit Namen kämpft, erobert auch nur Namen?

Zwei Debatten

Hinter der Debatte um die Canon-Wars tobt aber ein Kulturkampf, der es auf anderes abgesehen hat. Anders als beim deutschen Multikulturalismus-Begriff, der noch nicht so genau weiß, ob er mehr türkische Kulturvereine fördern soll, dem rechten Ethnopluralismus argumentativ zur Hand gehen oder erneut besonders obszön darauf hinweisen soll, daß Dunkelhäutige »auch Menschen« sind, wie unlängst bei einem Plakatwettbewerb gesehen, geht es in den USA um zwei sehr konkrete Debatten von einer gewissen politischen Relevanz: um eine primär theoretische und sekundär politische und eine generell bildungspolitische.

Der angloamerikanische Kulturbegriff

In der ersten Debatte ging es unter Aufbietung aller möglichen intellektuellen Exzellenzen um »unseren Kulturbegriff«. Gemeint war in der Regel, manchmal mit spezifischen Hinzufügungen, der in der angloamerikanischen Welt kanonische Satz von Matthew Arnold, demzufolge Kultur die Summe des Besten sei, was gesagt und gedacht worden sei[49]. Für Arnold hatte diese Kultur klar eine politische Funktion, die zwischen einem versöhnenden und dominierenden Faktor in bezug auf ein dreiteiliges (Aristokratie, Mittelklasse, Proletariat) Gesellschaftsmodell sich bewegte. Ähnlich den Funktionsbestimmungen der Ästhetik der britischen Philosophie im 18. Jahrhundert,[50] weist er der Kultur eine staatstragende Funktion zu, die sich nun nach erfolgter Industrialisierung aber nicht mehr nur darum kümmern kann, daß das Bürgertum seine eigene Staatsform mit dem Herzen nachfühlen und den Sinnen schmecken kann, sondern sie muß sich auch um potentiell aufrührerische Schichten mitkümmern, sie entweder bändigen oder dominieren. In dieser Logik sind die Kulturkämpfer von allen Seiten allerdings bis heute befangen: Sie glauben, man könne Kultur machen und Staat und Politik folgen wie von alleine (auch wenn deren radikale Gegner mit ihrem Glauben an eine kausale Entkoppeltheit dieser Sphären nicht richtiger liegen).

Das Beste und die RelativistInnen

Die sich daran anschließende Frage, wonach das zu beurteilen sei, was man für das Beste hält, ob nicht jeder Beurteilungsstandard wieder einem Interesse und einer spezifischen Tradition geschuldet sei, wurde von der Bloom/D'Souza-Fraktion als relativistisch zurückgewiesen. Wir wollen ja alles einschließen, wenn es denn gut ist, war das gängige Argument. »Wenn die Zulus einen Joyce hervorbringen, werden wir ihn lesen«, lautet das in diesem Zusammenhang immer zitierte Saul-Bellow-Wort. Das antikolonialistische Gegenargument, daß sich diese Standards in einer konkreten kolonialistischen Geschichte gebildet hätten, wurde als ideologisch zurückgewiesen, man könne doch umgekehrt einen Gedanken nicht nur deswegen für wertvoll halten, weil er von einem Unterdrückten stamme. Aber kann man eine Kultur für wertvoll halten, nur weil sie von einem Unterdrücker stammt und sich dessen Interessen auch in die sehr spezielle Form dessen eingeschrieben haben, die er universell nennt? Mancher als Relativist und Antikolonialist geschmähter Denker sah sich genötigt, Entwarnung zu geben. Edward Said wies daraufhin, als wenn das nötig wäre, daß alle Revolutionäre auch immer gute Leser kanonischer Schriften gewesen wären,[51] und auch ein Richard Rorty entblödete sich nicht zu äußern, die Unterdrückten wüßten nicht automatisch genauer, was zu geschehen hätte, als jemand anderes[52]. Aber sie wissen genauer als du, was sie loswerden wollen, Alter!

Die Abschaffung der Affirmative Action und ihre neorassistische Begleitmusik

Zum anderen geht es aber bei den Campus- und Canon-Wars um den konkreten bildungspolitischen Versuch, die Praxis der Affirmative Action, also der in vielen Bereichen der US-Gesellschaft gängigen, kompensatorischen »Bevorzugung« Angehöriger von Minderheiten und Frauen, im Bildungsbereich abzuschaffen. Ein Vorwurf, der hier nämlich schon seit den frühen 70ern laut wird und mittlerweile de facto zur Abschaffung von »Affirmative Action« an einigen Universitäten geführt hat, ist der, daß Professoren in den neuen oder generell in geisteswissenschaftlichen Fächern nicht kraft akademischer Qualität und Befähigung, sondern wegen der richtigen Orientierung, der richtigen »Rasse« oder des richtigen Geschlechts eingestellt würden und entsprechend Studenten aus anderen Gründen als »fachlicher Exzellenz« bevorzugt würden.[53] Die Universitätenkette der University of California schaffte die Praxis bei der Berücksichtigung von Studenten als erste ab, nur um kurz darauf zugeben zu müssen, all die Jahre ohnehin versteckt auf persönliche Beziehungen Rücksicht genommen zu haben. Die Gesamtzahl z. B. schwarzer Lehrender und Studierender stagniert ohnehin bzw. ist rückläufig, und dieser Umstand wird bei der gegenwärtigen Diskussion nicht als Indiz für die Notwendigkeit von mehr und ausgedehnteren kompensatorischen Maßnahmen wie Affirmative Action gewertet, sondern dafür, daß die eh keinen Sinn haben. Die Behauptung, daß »die Schwarzen« eh nicht am selben Kanon und derselben Form von Wissensvermittlung interessiert seien, ist noch die mildere Form von Rassismus, die härtere ist die Rückkehr zu unverhohlen biologistischem Rassismus, wie ihn der Bestseller »The Bell Curve«[54] verbreitet. Der rassistische Psychologe Eysenck erhält neuerdings wieder verdächtig viele Glückwünsche zum 80. Geburtstag, und in der FAZ streitet dann auch wieder der unvermeidliche Konrad Adam für dessen Recht – Freiheit der Forschung –, doch mal nachzuforschen, ob »Neger« nicht doch dümmer sind. Wer will, laut Adam, Eysenck daran hindern? Natürlich die böse Correctness[55].

»Rassenfrieden« und soziale Mobilität

Anders argumentiert der amerikanische Aff-Act-Gegner Lino A. Graglia[56]: Affirmative Action halte das Bewußtsein »rassischer Unterschiede« unnötig wach, man wolle aber doch die Spannungen zwischen den Gruppen einebnen: und das tut man am besten, indem jeder freiwillig an seinem Platz bleibt. Die Befürworter von Aff-Act seien verkappte Linke, die ihre ewigen Gleichheitsphantasmen nach dem Ende des Sozialismus nun auf »Rassen-« und Geschlechterunterschiede projizieren, die sie einebnen wollen, nachdem sich doch herausgestellt hat, daß sich das Einebnen der Klassenunterschiede als schlechte Idee erwiesen hätte (Scheitern des Sozialismus). Zwar räumt Graglia ein, daß »Rassenunterschiede« *zu betonen* falsch wäre, aber der »Rassenfriede« wäre ein höheres Ideal als die gleiche Repräsentiertheit aller Minderheiten einer Gesellschaft in deren Institutionen: das hätte noch keine »multiracial society« geschafft. Auch Schwarze Konservative wie Shelby Steele sprechen sich gegen Affirmative Action aus und werden gerne als Beispiele dafür genannt, daß auch die Schwarzen sich durch die unterschiedliche Behandlung, ja Bevorzugung beleidigt, ja gar diskriminiert fühlten. Ich würde ihnen gerne dieses Geld schenken, aber da ich weiß, daß sie zu stolz sind, es anzunehmen, gebe ich es Ihnen gar nicht erst. Die von solchen Anfällen unangebrachter Noblesse unbehelligte, überwältigende Mehrheit schwarzer Organisationen, aber auch anderer Gruppen, Frauen z. B., die in den Genuß von Aff-Act-Programmen gekommen sind, treten allerdings massiv für deren Fortsetzung und Erweiterung ein. Und immer mehr anerkannte, erfolgreiche Akademiker – über die verbreitet wurde, sie hätten es auch so geschafft und Brillanz setze sich durch – erklären, daß auch sie nicht in der heutigen Position wären, wenn Aff-Act nicht für Ihre Bevorzugung gesorgt hätte. Denn selbst wenn es schwierig ist, Benachteiligungen gleichmäßig auf Angehörige einer »Rasse« zu projizieren, nicht zuletzt weil das die Definiton von »Rasse« miteinschlösse, kann man dennoch davon ausgehen, daß Aff-Act in den meisten Fällen auch Klassenunterschiede teilweise kompensiert und mindestens zwar nicht den primären, aber den sekundären Rassismus und Sexismus, der nicht auf institutioneller, sondern auf alltäglich persönlicher Ebene spielt, ein wenig auszugleichen vermag.

La Haine

Der Begriff des Hasses ist all jenen sicher noch in übler Erinnerung, die nicht vergessen haben, wie der neudeutsche Rassismus in den frühen 90ern von den Zeitgeistblättern, Werbeagenturen und öffentlich rechtlichen Fernsehanstalten als »der Haß« bekämpft werden sollte. Das war wieder die klassische Entpolitisierung des Kulturkampfes: Über Kultur wird ein Politikum zur soziopathologischen Auffälligkeit und schließlich an Pädagogen, Priester und Psychologen delegiert. Aus Rassismus wird Haß und schließlich das eigenartige Phänomen, das der späte Baudrillard schließlich in einer Reihe delirierender Artikel in alter kulturpessimistischer Tradition als Anomie und Bindungslosigkeit der heutigen Jugend »zu Ende denkt«[57]. In den USA hat der Begriff Hate zumindest vorübergehend eine andere Karriere gemacht, was auch einer schlaueren Symbolpolitik zu verdanken ist. So gibt es den Begriff des Hate-Crime, der rassistisch motivierte Verbrechen unter verschärfte Strafen stellt – eine sehr interessante Diskussion betraf die Frage, ob Vergewaltigung dazu gehören soll. Daß Hate dabei »rassistisch motiviert« und teilweise auch »sexistisch motiviert« heißt, war eine erfolgreiche Besetzung und im ersten Schritt Erweiterung, im zweiten Begrenzung der Semantik von Hate. Auf der anderen Seite war dann die Übertragung auf »Hate Speech« weniger erfolgreich. Zunächst wurden an einigen Unis Speech-Codes gegen Hate Speech durchgesetzt. Dabei handelt es sich zunächst um die schon erwähnten Regelungen gegen rassistische Beleidigungen, später macht der Begriff aber eine Karriere, die plötzlich jede Art von radikaler Politik, darunter auch die Black Panther Party, mit unter Hate-Speech-Kuratel stellen will. Damit war man in die Falle der Bedeutung von Hate getappt, die Baudrillard, Kanther und Anti-Haß-Kampagnen kultivieren, die eben gerade zur Entpolitisierung einlädt und nicht berechtigte von zu bekämpfenden Emotionen, Haß genannt, trennen kann. Was ein typischer Fall der Dialektik von Diskursverknappung und Diskurserweiterung in PC- und Symbolpolitik ist. Um erfolgreiche Symbolpolitik zu starten, bedarf es der Diskurserweiterung. Jede PC-Initiative versucht in dieser Hinsicht, eine feste (die herrschende) Bedeutung aufzuweichen, um sie und die mit ihr verbundenen Konventionen diskutierbar zu machen und den fraglichen Begriff für andere, politisch angepeilte, also nicht beliebige Bedeutungen zu öffnen. Im Fall von Hate so, daß auf bestimmte Weise motivierte Täter von etwa Verteidigern unterschieden werden müssen. Das symbolpolitische Ziel besteht letztlich also in einer Verknappung. Denn angestrebt ist ja nicht die Bestrafung von Haß, sondern von Rassismus. Für das Ausnutzen des Umstands, daß »Haß« in der Bevölkerung unbeliebter zu sein scheint als »Rassismus« und man sich dieser Chiffre bei der Durchsetzung seines Zieles bedient hat, wird man nun, bei der Definition von Hate Speech, von den alten Bedeutungsteilen bestraft, die frei herumliegend vom politischen Gegner benutzt werden können. Trotzdem fühlten sich nicht von der zweiten, sondern von der ersten Bedeutung diverse Leute eingeschränkt. Ein Student, den der Speech Code der University of Michigan dazu verpflichtete, »rassische« und Geschlechter-Unterschiede nicht unnötig zu betonen, sah seine Forschung über Rassenbiologie und Biologie der Geschlechter gefährdet. Er ahnte schon, daß er mit einem solchen Ansinnen den Tatbestand des Rassismus (»Hate Speech«) erfüllt. Wie immer bei diesen Kämpfen ging es nicht darum, etwas erforschen zu dürfen, sondern zu testen, wie weit man mit Behauptungen gehen kann, die dann wenige Jahre später in »The Bell Curve« als gesicherte Forschungsergebnisse in einem nationalen Bestseller gehandelt werden. Auch Ernst Nolte tut immer nur so, als ginge es um die Erlaubnis zu forschen, es geht ihm aber um die Erlaubnis zu sagen, und im nächsten Schritt ginge es um die Kanonisierung des Gesagten. Leider sind die rechten Projektionen auf PC als Zensur immer besser als PC selber: Der Mann durfte forschen.

Date Rape: Die Dekonstruktion unserer Sexualität

Die hierzulande vorherrschende, weil am häufigsten und genüßlichsten kolportierte Vorstellung von PC-Terror – es geht nämlich um Sex! – bezieht sich nicht mehr so sehr auf unqualifizierte Neger, die Soyinka statt Shakespeare lehren, oder auf aufgebrachte Demonstranten, die die westliche Kultur nach Hause schicken wollen, sondern auf den Teil der Universitätshausordnungen, die den (vor allem: hetero-)sexuellen Kontakt im Detail regeln wollen und dabei auf die Date-Rape-Debatte reagieren. Am berühmtesten/berüchtigtsten ist und immer wieder zitiert wird der schon erwähnte Sex-Codex des Antioch-College, wo Studierenden bei Disziplinierungsandrohung auferlegt wird, für jede Erweiterung und Ausdehnung einer sexuellen Begegnung vom jeweiligen Partner ein Einverständnis einzuholen. Es ist leicht und appelliert an einen weitverbreiteten Common Sense, diese Form von Vorschriften der Lächerlichkeit preiszugeben. Ist es in Ordnung, wenn ich jetzt deinen linken Fuß massiere (»Pulp Fiction«), geht es zu weit, wenn ich dich auf den Mund küsse etc. In der Wahrnehmung und Beschreibung solcher vermeintlicher Lächerlichkeiten vermischen sich aber, wie bei so vielen Aspekten der PC-Debatte zwei Ideen: Zum einen wird die Existenz von so etwas wie Date Rape angezweifelt. Auf der anderen Seite wird die Lächerlichkeit des Glaubens an Abhilfe durch einen Katalog an Vorschriften angeprangert. Während dem zweiten leichter zuzustimmen ist und die quicke Abhilfe durch Formulierung von Listen verbotener Handlungen wirkungslos und absurd sein kann, wenn auch mitunter von einem nicht zu unterschätzenden symbolischen Wert, ist die erste Annahme nicht so leicht vom Tisch zu wischen. Immer wieder wird aber mit der Ablehnung des Gegenmittels (oder seiner Ridikülisierung) auch das soziale Phänomen, auf das es reagiert, bestritten. Auffallend ist, daß Date Rape – ein seit den 80er Jahren viel diskutiertes Thema – anderswo auf der Welt kaum je zur Sprache gebracht worden ist. Das heißt aber nicht unbedingt, daß – wie gern, vor allem von C. Paglia, behauptet wird – es sich um eine Erfindung spezifisch amerikanischer Prüderie und Puritanismus handeln muß. Vielmehr geht es um Vergewaltigung in einem Bereich, der von Konventionen des Privaten geschützt wurde und im Zuge der alten feministischen Forderung, das Private öffentlich zu machen, thematisiert werden konnte. Ein Effekt der PC zugeschriebenen Politik ist es möglicherweise, daß konkrete Regelungen über symbolische Effekte auch hinausgehen. Vergewaltigungen – wie auch andere Strafsachen – werden in vielen Colleges intern verhandelt und nicht der Justiz übergeben. Bei günstiger Sozialprognose durch einen betreuenden Dozenten und gleichzeitiger »unbeweisbarer« Privatheit des Falles kommen viele Täter glimpflich davon. Regeln zum Sexualverhalten gerade an Colleges durchzusetzen, erweist sich als besonders geeignetes Beispiel von erfolgversprechender PC-Politik. Die von Kastrations-Angst getriebene Befürchtung, solche Regeln würden »natürliche« Verhaltensweisen erschweren[58], geht davon aus, daß ohne ein bißchen Zwang, (»spielerischer«) Unterwerfung oder Stereotypisierung kein Sex zu haben sei. Sie wird nicht besser dadurch, daß sie auch regelmäßig von (Alibi-)Frauen bedient wird.[59]

Kalte Theorie in warmen Betten

Regelmäßig interessiert verwechselt wird also die Schwierigkeit genauer Definition mit der Normalität und Naturwüchsigkeit der Vorgänge und Konventionen, die Date Rapes zugrunde liegen. Argumentiert wird dann nicht gegen die Schwächen der Definition und der Unterscheidung von Zustimmung und erzwungener Zustimmung (zu einem sexuellen Schritt), sondern der Versuch der Definition und Benennung von etwas angeblich nicht Benennbarem, Naturwüchsigem. Dies führt oft, mehr oder weniger verdeckt, auch zu einer generellen Zurückweisung der Theorie, insbesondere feministischer Theorie. Theorie und theoretisches Bezeichnen von alltäglichen, normal empfundenen Vorgängen führe zu einer Verkrampfung des Vitalen, zu Terror, ständig muß man an diese PC-Vorschriften denken, gerade beim Sex, wenn man doch entspannen will etc. Diese Theoriefeindlichkeit korrespondiert mit der anderen: Der Poststrukturalismus und die Dekonstruktion wollen uns unsere wissenschaftlich-logisch-objektivistischen Gewißheiten wegnehmen. Und dann wollen sie uns sogar noch beim Ficken theoretisieren. Da, wo Theorie hingehört, rigide, logisch, überprüfbar und klar, wollen sie alles aufweichen. Da, wo es weich und gemütlich zugehen soll, im Bett, wollen sie plötzlich kalte Theorie dazulegen. In der Abwehr der Date-Rape-Debatten und daraus resultierenden Campus-Vorschriften zeigt sich nämlich auch wieder jene Intellektuellen-Feindlichkeit, die sich weniger gegen Intellektuelle im allgemeinen als gegen die Geisteswissenschaften (Humanities) wendet. Konkreter: Die Angst, daß den Geisteswissenschaften durch »neue Fächer«, europäische Theorie (Dekonstruktion und »left Nietzscheans«) und Campus-interne Macht die Chance zuwachsen könnte, die alltägliche und symbolische Seite von Machtverteilung kenntlich und angreifbar zu machen. Nicht zuletzt, indem

Die Verschiebung von Politischen Fragen ins Private zeigt sich gut an der Date Rape Debatte

sie politische Theorie dahin tragen, wo sie vorher nichts verloren hatte, ins Private. Leider haben die Campus-AktivistInnen dabei bislang nur Anfangserfolge erzielen können. Mamets Stück »Oleanna« machte die Debatte weltweit bekannt und verkürzte sie auf das Problem, daß es auch ein Mißbrauch der Mittel gegen den Mißbrauch geben könne, vor allem aber auf die besonders prickelnde Campus-Situation (alte Lehrer, junge Studentinnen). Derweil zeigt der erste größere Prozeß gegen organisierten Mißbrauch und Belästigung am Arbeitsplatz, bei Mitsubishi, Illinois, daß das Problem jenseits des Campus – was für andere, hier referierte Probleme auch gilt – natürlich ganz andere Dimensionen einnimmt, nämlich die eines organisierten Verbrechens. Bezeichnenderweise befindet sich das fragliche Mitsubishi-Werk in einem Ort namens Normal.

Anmerkungen

1. Gary Trudeau, *Welcome to Club Scud!*, Kansas City 1991, S.93

2. Camille Paglia, *Ninnies, Pedants, Tyrants, and Other Academics*, »New York Times Book Review«, 5.5.1991

3. Im Jahre 1995 gab es 458 Versuche, Bücher aus Bibliotheken zu verbannen. Am häufigsten wegen sexueller Darstellungen. Carl Morse berichtet, daß Darstellungen, aber auch schon bloße Erwähnungen von Homosexualität die schärfsten Reaktionen provozieren. Vgl. Carl Morse, *Whitman = Tod*, und Philippa Nugent, *Und zweitens Blasphemie*, beide in »Index on Censorship«, »tageszeitung«, Berlin 24.4.1996

4. Kenneth Anger, *Hollywood Babylon*, München 1975, S. 43

5. Der Versuch, dem auch noch eine Daten- und Techno-Rechte hinzuzugesellen, ist bekanntlich nach einem kurzen Gingrich-Strohfeuer vorerst gescheitert: virtuell steckt sie in jeder Anti-PC-Attacke, die mit Technologie als schon ökonomisch zwingender Gegebenheit argumentiert und für Attacken auf Gen- und Reproduktionstechnologie-GegnerInnen zunehmend auf die aus Anti-

PC bekannten Suffragetten-Stereotype zurückgreift. Die »Wired«- und Netzapologeten-Szene wird ja unter dem Signum »libertär« mehr und mehr zu einer Begegnungsstätte von Alt-Hippies und Republikanern, die ihren (europäischen) Gegnern gern schon mal vorwerfen, dortige Sozialstaaten ermöglichten »parasitäre Lebensstile«(Vgl. SPEX 6/96). Hier sitzen neue Anti-PC-Libertäre schon in den Startlöchern.

6. Mit der Förderung ist das auch immer so eine Sache: Die NEA geht nicht hin und fördert Künstler. Meistens fördert sie Projekte: Kataloge, Ausstellungen; übernimmt vielleicht Materialkosten. Die Rechte redet allerdings schon dann von Förderung, wenn irgendwo in der Nahrungskette eines Kunstwerks Spurenelemente von NEA-Geldern nachweisbar sind.

7. Vgl. Douglas Crimp (Hg.), AIDS – *Cultural Analysis, Cultural Activism*, Cambridge, Ma./London 1988

8. Mapplethorpe war eng befreundet mit Patti Smith und anderen Größen des New Yorker Punk. Er gestaltete Plattencover und war zeitweilig sogar an einem Reggae-Label beteiligt, das mindestens die beste Platte Tapper Zukies herausgebracht hat.

9. Mapplethorpe war auch bei politischen Künstlergruppen und AutorInnen nicht unumstritten. Der Künstler Glenn Ligon etwa unterzieht Mapplethorpes Darstellung schwarzer Männerkörper einer kritischen Neubewertung in seinem Beitrag zur vorletzten Whitney-Biennale. Der britische Kulturkritiker Kobena Mercer rechtfertigt Mapplethorpe, nachdem er zunächst auch einem Rassismus-Verdacht nachgegangen ist, gerade weil Mapplethorpe auch wegen seiner Ambivalenz zur Zielscheibe der Kulturrechten geworden war. Vgl. Kobena Mercer, *Das Skinhead-Sex-Ding – Rassische Differenz und das homoerotische Imaginäre*, »Texte zur Kunst«, Nr. 8, 1992, Köln. Alle Kritiker Mapplethorpes von links haben aber entgegen der vielfach kolportierten Behauptung, seine Ausstellung sei von »links-puritanisch und rechts-puritanisch« angegriffen worden, klar gemacht, daß bei allen denkbaren Differenzen seine Arbeit gegen die Anti-NEA-Koalition verteidigt werden muß.

10. Matthias Matussek, *Kunst als Schauprozeß*, in »Der Spiegel«, 15/1993, S. 228 ff.

11. Vgl. Judith Butler, *Überarbeitungen der Macht – Linda Singer und die Logik des Epidemischen*, in: Büro Bert et al., *geld * beat * synthetic*, Berlin/Amsterdam 1996
12. Vgl. Richard D. Alba, *Ethnic Identity – The Transformation of White America*, New Haven und London, S. 3 und S. 55
13. Richard Bolton, *Introduction*, in: derselbe (Hg.): *Culture Wars – Documents from the Recent Controversies in the Arts*, New York 1992 *(deutsch vom Verf.)*
14. David Wojnarowicz, *Postcards from America: X-rays from Hell*, in: Bolton, a.a.O., S. 126 ff. *(deutsch vom Verf.)*
15. Was nicht heißt, daß sie ihre schon gefundenen aufgegeben hätten: Die NEA sollte im letzten, dem Jahr eins nach der Mehrheit der Republikaner in beiden Häusern, ganz aufgelöst werden.
16. Catherine Liu bringt die Karriere der »Obszönität« als Kampfbegriff mit der Etablierung eines begrenzten und bürokratischen Multikulturalismus in Verbindung: »Multiculturalism is now promoted at the expense of a new scapegoat – Obscenity (...) We can all be one big happy multi-cultural family, as long as no one gets obscene, in which case he or she will get the boot as well.« In dem Comic *The Party for Affirmative Abjection*, »Lusitania – A Journal of Reflection and Oceanography«, Vol I, Nr. 4 The Abject, America, Brooklyn und Lissabon o. J.
17. Vgl. vor allem die Beiträge der beiden genannten Autoren in: Michelle Wallace/Gina Dent, *Black Popular Culture*, Seattle 1993
18. Vgl. Tricia Rose, *Black Noise*, New York 1994; George Lipsitz, *We Know What Time It Is*, in Tricia Rose/Andrew Ross (ed.), *Microphone Fiends*, New York/London 1994; und vor allem: Russell A. Potter, *Spectacular Vernaculars – HipHop and the Politics of Postmodernism*, Albany, NY 1995, S. 81–106
19. Raymond (Infame) Burks jr., *Hip-Hop Hate*, in: Newsweek, 29.4.1996, S. 8B
20. Paul Berman, *The Debate and its Origins*, in: derselbe (Hg.), *Debating P.C. – The Controversy about Political Correctness on College Campuses*, New York 1992
21. Richard Ohmann, *On »PC« and Related Matters*, in: Jeffrey Williams, *PC Wars* New York/London 1995, S. 11

22. Jeffrey Williams, *Introduction*, in: Williams, a.a.O., S. 1
23. Der Kampf gegen die Geisteswissenschaften nimmt überall zu. Sie werden einerseits von technikdeterministischen, andererseits von ökonomistischen Objektivitätsfanatikern als ineffizient, relativistisch, soft etc. beschrieben, was egal und nichts Neues wäre, wenn dies nicht auch ständig in hochschulpolitische Entscheidungen umgesetzt würde: Schließung von Fachbereichen, Verschwinden von Fächern. Den klassischen Sozialwissenschaften geht es ähnlich. Nur Techno- und Naturwissenschaften gelten als brauchbar, und »die Mathematik ist zum wichtigsten Legitmationsinstrument der bestehenden Ordnung geworden.« (Pierre Bourdieu, *Wir befinden uns in einer Restaurationsepoche*, in: Das Argument, Nr. 200, Hamburg 1993, S. 534)
24. Camille Paglia: »It's fascism of the left (...) These people behave like the Hitler Youth«, zitiert nach John Taylor, *Are You Politically Correct?*, »New York«-Magazin vom 21.1.1991, S. 35
25. Vgl. Taylor, a.a.O., S. 33 f. Sehr gern auch in der deutschen Rezeption aufgegriffen.
26. Russel Jacoby schreibt ihr die Position zu, »Klarheit sei repressiv«. Russel Jacoby, *Dogmatic Wisdom*, New York 1994, S. 168 f.
27. Jim Neilson, *The Great PC Scare*, in: Williams, a.a.O., S. 84
28. Vgl. Berman, a.a.O., S. 7 ff.
29. deutsch: Luc Ferry/Alain Renaut, *Anti-humanistisches Denken*, München 1987
30. Die amerikanische neue Linke hatte ja Kontakte aufgenommen, etwa zur schwarzen Befreiungsbewegung, die ihr nicht erlaubt hätte, deren Kämpfe als Nebenwiderspruch anzusehen. Ebensowenig die der amerikanischen Feministinnen. Die radikalen und militanten Bewegungen der US-Linken wie die Weatherpeople haben sich im Gegensatz zu europäischen Entsprechungen auch immer offen für eine Verankerung ihrer Politik in der Hippie-Kultur ausgesprochen.
31. Judith Butler, *Für ein sorgfältiges Lesen*, in: Seyla Benhabib, Judith Butler et al., *Der Streit um Differenz*, Frankfurt/M. 1993
32. Vgl. die Schilderung des Unterrichts an einer Schule in Santa

Monica während der 80er Jahre in einer Erzählung von Paul Beatty. Die Lehrerin predigt einen unpolitischen Antirassismus an längst überzeugte, überwiegend weiße Kinder besserer Leute, indem sie diesen die immer gleichen Selbstverständlichkeiten einbläut. Paul Beatty, *Warum kommen die Elefanten grau zurück?*, in »Die Beute« Nr. 10, 2/1996, Berlin/Amsterdam, S. 110–123

33. Hanna Behrend, *Gewendete Praktiken*, in: »Das Argument«, 213, Januar/Februar 1996, S. 39–50

34. Etwa ihre Einschätzung, der postkoloniale Diskurs habe angesichts des Scheiterns der Dekolonisierung in den 60ern, quasi enttäuscht, den Rückzug in die Kulturkritik angetreten und die politische aufgegeben. Dabei sei er in die Hände von Dekonstruktion und Postmoderne gefallen, die mit der Idee operieren, die Wirklichkeit existiere nicht. Die linke Fehleinschätzung von Dekonstruktion als buddhistischen Agnostizismus wird sicher nicht besser, wenn man als Kronzeugin gegen Dekonstruktion und Dekolonialismus eine prominente Vertreterin wie Gayatri Spivak zitiert, die mit ihrer Warnung vor Depolitisierung ja gerade beweist, daß eine Dekonstruktivistin diese für einen Fehler halten kann. Vgl. Behrend, a.a.O., S. 47f.

35. Theodor W. Adorno, *Minima Moralia*, Frankfurt/M 1951, S. 25

36. Jane M. Gaines, *Feministische Heterosexualität und ihre politisch unkorrekten Freuden*, in: Texte zur Kunst, Nr.19/1995, Köln

37. Besonders blöde ist ja auch immer das Argument der PC-Gegner – z. B. bei Michael Behrens/Robert von Rimscha, *»Politische Korrektheit« in Deutschland – eine Gefahr für die Demokratie*, Bonn 1995, S. 14 – gegen bestimmte von einer Gruppe präferierte Benennungen, daß diese ja ständig wechseln würden, daher wohl keine auf Dauer die »wesensmäßig richtige« sein könne und daher wohl eh egal sei. Es geht aber ja gerade darum, daß jede kollektive Benennung unter rassistischen Begleitumständen prekär bleiben und aus den besagten Gründen relativiert werden und changieren muß. Stabil wäre für eine Gruppe, deren Zusammengehörigkeit sich historisch aus der rassistischen Zuschreibung, die Hautfarbe sage etwas über das »Wesen« der Betreffenden aus, herleitet, alleine die vollmundig rassistische.

38. G. B. Trudeau, *Washed out Bridges and Other Disasters*, Kansas City 1994, S. 85–89

39. »»Rasse« ist also die Modalität, in der Klasse »gelebt« wird, das Medium, in dem Klassenverhältnisse erfahren werden, die Form, in der sie angeeignet und »durchgekämpft« werden. Dies hat Konsequenzen für die Klasse insgesamt, nicht nur für ihr »rassistisch definiertes« Segment.« Stuart Hall, *»Rasse«, Artikulation und Gesellschaften mit struktureller Dominante*, in: ders., *Rassismus und kulturelle Identität*, Ausgewählte Schriften 2, Hamburg 1994, S. 133

40. Stuart Hall, *Alte und neue Identitäten, alte und neue Ethnizitäten*, in: ders., a.a.O., S. 70

41. Benachteiligung ist eine sehr vage Verallgemeinerung. »Schwarz« ist sicherlich, wie die Schriften Fanons zum Beispiel besonders eindringlich schildern, mehr und etwas anderes als eine »Benachteiligung«. Auf anderen »Benachteiligungen« basierende Identitätspolitiken sind nicht weniger berechtigt, aber anders zu fassen. Die Gleichmacherei verschieden begründeter Identitätspolitiken ist manchmal ein Fehler ihrer Vertreter, häufiger eine gezielte Ridikülisierungs-Strategie ihrer Gegner.

42. Henry Louis Gates jr., *Loose Canons – Notes on the Culture Wars*, New York und Oxford 1992, S. 34f.

43. Vgl. dazu meinen Beitrag, *Nation of Islam revisited – In der Rassismus-Zone*, in »Die Beute« 3/94, Berlin und Amsterdam. In diesem Text über die schwarze nationalistische Organisation des Louis Farrakhan vertrete ich u. a. die These, daß die Selbstethnifizierung vieler »weißer« Amerikaner es so besonders prekär macht, wenn Schwarze und andere Nichtweiße in das vom ehemaligen Konsens entleerte Zentrum drängen. Und so der hysterisierte Balkanisierungsdiskurs Alarm über den Verlust des Zentrums schlagen muß und schließlich Schwarze und Juden durch die Diagnose »70 % aller Schwarzen sind Antisemiten« (Time) wieder in eine Rassismus-Zone zurückschicken, wo die Rassismus-Opfer selber Rassisten sind. Dies müßte ergänzt werden: Die Selbstethnifizierung findet ja nur in dem Maße statt, in dem auch die »weiße« Mittelklasse von Deklassierung immer mehr bedroht, verhindern muß, sich als Klasse wahrzunehmen (statt bequemer,

und ohne größere kognitive Dissonanzen machbar, als Kultur): der potentielle Verlust des Platzes im Zentrum (in der Mittelklasse) ruft die präventive Selbst-Lokalisierung in einer Ethnie hervor. Die, die der Multikulturalismus dort schon untergebracht hat, müssen da weg, in die Rassismus-Zone.

44. Vgl. Gayatri Chakravorty Spivak, *Outside in the Teaching Machine*, London/New York 1995, S. 5

45. In meiner Paraphrase Spivaks verwende ich die Begriffe »Taktik« und »Strategie« im Sinne von Michel De Certeaus *Kunst des Handelns*, Berlin 1986. Es wäre in diesem Zusammenhang interessant zu fragen, inwieweit essentialistischer Widerstand immer ein Widerstand von Taktikern in diesem Sinne ist: also von Leuten, die keinen Gesamtüberblick über das Schlachtfeld haben oder sich leisten können und unmittelbar handeln müssen. In einer solchen taktischen Situation, wo sich alles immer radikal und schnell ändern kann und ändern können muß, ist die Essenz der Garant für ein Mindestmaß an Kohärenz der Handlung. Natürlich auch Garant für die polizeiliche Gegenmaßnahme: Wissen die Widerständler, wer sie sind, weiß es die Polizei auch schneller. Im ersten erhaltenen Berliner Flugblatt von 1967 heißt es: »Es geht darum, die Polizei zu verwirren und nicht uns.« Das war wohl schon damals schwer auseinanderzuhalten.

46. Die klassische Formel solcher taktischer Identitätspolitik auf dem Terrain des Gegners spricht die Figur des Jack Johnson in dem gleichnamigen Film über den rassistisch verfolgten Boxweltmeister aus, zu hören auf Miles Davis' Soundtrack-Platte: »I am Jack Johnson, heavy-weight champion of the world. I am black, they never let me forget. I am black allright, I never let them forget.«

47. Der postkolonialistische Theoretiker Homi Bhabha verweist in diesem Zusammenhang auf Fanons Vorstellung von den Möglichkeiten und Gefahren von Identitätspolitik: »Fanon recognizes the crucial importance, for subordinated peoples, of asserting their indigenous cultural traditions and retrieving their repressed histories. But he is far too aware of the dangers of the fixity and fetishism of identities within the calcifications of colonial cultures to

recommend that ›roots‹ be struck in the celebratory romance of the past or by homogenizing the history of the present. The negating activity is, indeed, the intervention of the ›beyond‹ that establishes a boundary: a bridge where ›presencing‹ begins, because it captures something of the estranging sense of the relocation of the home and the world – the unhomeliness – that is the condition of extra-territorial and cross-cultural initiations.« Homi K. Bhabha, *The Location of Culture*, London/New York 1994, S. 9

48. John K. Wilson, *The Myth of Political Correctness – The Conservative Attack on Higher Education*, Durham, North Carolina 1995, S. 64–67

49. »The best that has been thought and said in the world«, Matthew Arnold, *Culture and Anarchy*, London 1960, S. 6

50. Vgl. Terry Eagleton, *Ästhetik – Die Geschichte ihrer Ideologie*, Stuttgart und Weimar 1994

51. Edward Said, *The Politics of Knowledge*, in: Berman, a.a.O, S. 172–189

52. Richard Rorty, *The Professor and The Prophet*, in: »Transition«, Nr. 52, New York 1991, S. 73

53. Unter Hunderten, die diesen Vorwurf erheben, vgl. John R. Searle *Postmodernism and the Western Rationalist Tradition*, in: J. Arthur/A. Shapiro (Hg.), *Campus Wars – Multiculturalism and the Politics of Difference*, Boulder/San Francisco/Oxford 1995, S. 36 f.

54. Richard Hernstein/Charles Murray, *The Bell Curve – Intelligence and Class Structure in American Life*, New York 1994

55. Wenige Wochen später scheint diese völlig besiegt zu sein: der »stern« bringt eine Titelgeschichte über die biologischen Wurzeln des Bösen, den »Trieb zum Verbrechen« und druckt begleitend natürlich ein Interview mit Eysenck.

56. Lino A. Graglia, *Affirmative Discrimination*, in: J. Arthur/A. Shapiro, a.a.O., S. 144–152

57. Volker Heins weist in *Krise des Fordismus und parapolitische Phänomene*, in: »DISS-Texte«, Nr. 20, Duisburg 1992, S. 71–84 auf die Verknüpftheit kulturpessimistischer Anomie-Ängste und optimistischer Autonomie- und Mündigkeitshoffnungen bei je

spezifischen Ausblendungen hin. Insbesondere darauf, wie die konventionellen Ordnungsvorstellungen den Anomiebegriff hervorbringen und wie angeblich anomische Vorgänge in Wirklichkeit überaus intelligibel und strukturiert verlaufen.

58. »Die Atmosphäre zwischen den Geschlechtern ist eh schon ziemlich angespannt, und die Debatte im PC-Stil verkrampft mehr, sprüht mehr Gift, als sie hilft.« Leser-E-Mail in »Spex«, 8/1996, Köln, S. 80

59. etwa Nancy Huston, *Ich bin schön und gescheit*, in: »Lettre«, Nr. 32, Berlin 1996, S. 70–73

III. Deutsche Debatten: Wie ein Volk, das die Neger beim Namen nennen will, doch nicht den Präsidenten bekam, den es wollte

A: Ich habe ja auch mal in Berlin gelebt. 1938. Da wollte ich studieren, da bin ich aber gar nicht zu gekommen. Da war soviel los in der Stadt, auch kulturell, viel mehr als heutigen Tags.
B: Da wollen die jetzt aber auch wieder hin.
A: Ja, das muß ja auch.
B: Das dauert aber noch.

Speisewagen-Gespräch, Sommer 1996 zwischen Hamburg und Berlin

Spiegel: Verstehen Sie die Skepsis vieler Deutscher gegen staatlich verordnete Deutschtümelei?
Heinz Rudolf Kunze: Diese Skepsis halte ich nicht mehr für berechtigt, sondern für ziemlich krank. Martin Walser hat gesagt, wenn man sich überhaupt nicht mehr auf die eigene Identität besinne, überlasse man das Thema dem rechten Rand, und da treibt es erst recht gefährliche Blüten. Das stimmt. Aber wenn man so argumentiert, kriegt man dafür Ohrfeigen, genauso wie Botho Strauß, der für mich einer der wichtigsten Denker heutzutage ist. Das muß man ertragen, wenn man einen wichtigen Gedanken anstößt.

»Spiegel«-Gespräch mit Kunze über »Rundfunk-Quoten für deutschen Rock«[1]

»... bastelt ein Großteil derer in dieser Gesellschaft, die sich für kritisch halten, an einer Vulgär-Ideologie namens Political Correctness. *Doch anders als in den USA stehen nicht allein Rassen und Geschlechter im Zentrum der zwangsverschriebenen Heilung, sondern ebensosehr die Bewertungen historischer Ereignisse. Dieses Klima geistigen Rückzugs ver-*

weigert Deutschland das gedankliche Rüstzeug, das es zur Diskussion seiner Zukunft braucht.«

Ausschnitt aus dem Klappentext eines von FAZ, Welt am Sonntag, Münchner Merkur und Rundy-Mediendienst gelobten Buches zu »Politische Korrektheit in Deutschland«[2]

Die Freiheit der Forschung setzt sich durch

Als der »stern« in seinem Heft 19/96 den bösen Blick auf das Titelbild nahm und mit dem Spruch »Wissenschaftler enträtseln den Trieb zum Verbrechen« den diskurspolitischen und kulturkämpferischen Erfolgen der amerikanischen Evolutionary Psychology populistischsten Tribut zollte, folgte er einer schon wesentlich länger laufenden, mal subtilen, dann wieder groben Kampagne oder Tendenz in den USA, biologistische Vorstellungen wieder diskutabel zu machen. Der schon erwähnte Kampf des aus »Sicherheitsgründen« sich John Doe nennenden Studenten der University of Michigan gegen die dortigen Speech Codes um das Recht, biologisch determinierte Differenzen der Rassen und der Geschlechtermentalitäten »erforschen« zu dürfen, wurde viel diskutiert. Er ebnete u.a. den Weg für Akzeptanz und Interesse an dem rassistischen Bestseller »The Bell Curve« und Dinesh D'Souzas ebenfalls mindestens rassistoides, irreführend betiteltes Werk »The End of Racism«, die beide auf »Newsweek«-Titelbilder-Ebene diskutiert wurden. Daß das, was eine Gesellschaft zu diskutieren bereit ist, das vorwegnimmt oder zumindest denkbar macht, was sie zu akzeptieren bereit ist, wäre keine neue Lektion: sich zu verbitten, daß irgend jemand darüber forschen will, ob Schwarze biologisch Defizite haben oder Auschwitz nicht stattgefunden hat, ist nicht »Zensur« oder »Einschränkung« irgendeiner »Freiheit«, sondern zivilisatorisches Minimum. Die Gesellschaft verbietet zwar nicht, gibt aber auch kein Geld aus für Leute, die z.B. noch mal nachforschen wollen, ob die Erde flach ist. Die erwähnten »Wahrheiten« über Schwarze und historische Vorgänge neu zu stiften oder zu revidieren, ist aber darüber hinaus nicht einfach nur absurd, sondern betrifft eben genau jenen Wissenstypus, der in Verbindung mit institutioneller Macht tödlich wird. Daß sie Biologismen wieder diskutieren oder gar zum Forschungsgegenstand erheben will, kann außerdem nicht nur nichts Gutes für die Zukunft bedeuten, allein Personen wie den Rassisten Eysenck diskutierbar gemacht zu haben, ist schon ein diskurspolitischer Erfolg. In den westlichen Öffentlichkeiten ist an die Stelle der Verlautbarung die Etablierung eines Diskussionsgegenstands getreten. Ist er einmal etabliert, erübrigt sich oft die Entscheidung über ihn, sein Status ergibt sich meistens aus der Motivation derer, die ihn in die Diskussion gebracht haben. Er bleibt dann zwar offen, aber persistent und heißt nunmehr offiziell »umstritten«. In reaktionären Wenden können dann die über den jeweils diskurspolitischen Status quo ante legitimierten politischen Praktiken – z.B.: Affirmative Action, Beibehaltung des alten Asylparagraphen – mit Hinweis auf die neue Umstrittenheit zum Abschuß freigegeben werden. Wie die beiden erwähnten Beispiele zeigen, mit Erfolg.

Die Atlantik-Überquerung: Fakten-Faschismus und Bio-Gerüchte

Der beginnende Wahlkampf in den USA nutzte die Gunst der Stunde und griff die vor die Füße gespielten Themen dankbar auf. Sei es die Behauptung, aufgrund biologischer oder anderer sozialpolitisch nicht beeinflußbarer Faktoren sei Affirmative Action wirkungslos, sei es die neu entflammte Rede von biologischen Differenzen im allgemeinen (Männer, Frauen, Weiße, Schwarze, Kriminelle, Gen-

Kranke etc.). Vom Staat Kalifornien und seinem Versuch, nach der Streichung aller Bildungs- und Sozialdienste für illegale ImmigrantInnen auch Affirmative Action abzuschaffen, bis zu Pat Buchanans Primary-Kampagne: überall wurde der Frage der möglichen genetischen Determiniertheit des »anti-sozialen Verhaltens« begeistert nachgegangen. Einfache Lösungen – der in Deutschland aus »Focus« bekannte Diskurs des Monokausalen und der »Fakten« – der in den Städten ja überaus »evidenten« und anderswo aus Funk und Fernsehen bekannten »Probleme« Obdachlosigkeit, Arbeitslosigkeit, Migration, Drogenkriminalität, »Verslummung«, Verwahrlosung etc. sind populär. Das Gefühl, in neuen, gewendeten Zeiten zu leben, gibt dem naturwüchsig faschistoid gewachsenen Schnabel das Gefühl, er habe doch das Recht, so etwas mal wieder aussprechen zu dürfen, und zwar diesseits und jenseits des Atlantiks. Wie der »stern« von der Freimütigkeit, mit der Biologismus in den USA wieder diskutiert wird, sich angestachelt fühlte, auch ja das erste unter den vor dem Focus-Fakten-Faschismus zitternden Wochenmagazinen zu sein, das derlei Unsinn hier verbreitet, zeigt, wie der Kampf um kulturelle Hegemonie, Stichwortgebertum und Definitionsmacht ebensowenig an den Staatsgrenzen endet wie die vielbeschworenen, internationalen Kapitalströme (begünstigt durch die Dominanz von qua naturwissenschaftlicher Forschung als Fakt ausgewiesenen einfachen Behauptungen, die sich am besten noch tabellenförmig ins Easy-Reading-Layout fügen). Wir haben ja auch gesehen, wie erst amerikanische und dann deutsche JournalistInnen die immergleichen US-amerikanischen Artikel abgeschrieben haben. Im Mai 1996 meint der Vorsitzende der Deutschen Forschungsgemeinschaft, Wolfgang Frühwald, tatsächlich als Fakt zu wissen, die DWEM, Dead White European Male – ein weiterer hundertmal abgeschriebener, PC zugeschriebener Slogan –, »Sokrates, Plato, Kant und Hegel« seien »an den amerikanischen Colleges ausgetilgt worden«[3]. Wer will eigentlich noch Teenagern vorwerfen, sie glaubten an Hypes?

Der Phallus im Tessin

Wenn man sich bundesdeutsche Kulturkämpfe ansieht, kann man dennoch zwischen zwei Entsprechungen zu Culture Wars und PC-Debatte unterscheiden: erstens den spezifisch deutschen Debatten, die es nur hier gibt und mit der deutschen Geschichte zu tun haben, aber teilweise ähnlich strukturiert sind, und solchen, die importiert worden sind bzw. (meistens falsch) rezipiert, um hiesige Auseinandersetzungen mit US-Legitimation zu führen. In die erste Kategorie gehört der Historiker-Streit, in die zweite die unzähligen PC- und Symbolpolitik-Scharmützel wie etwa der trübe, aber höchst erfolgreiche Versuch des Hamburger Anglistik-Professors und Romanciers Dietrich Schwanitz, sich als deutsche Entsprechung des im Original schon hinreichend beschränkten Robert Hughes[4] bekanntzumachen, oder die Vervollständigung des mit Sprachkritik begonnenen William-Safire-Epigonentum des Dieter E. Zimmer[5] durch seine Anti-PC-Tiraden in der »Zeit«. Dazwischen liegen die symbolischen Auseinandersetzungen um DDR-Straßennamen, das Kruzifix in bayerischen Schulen, mordende Soldaten, Jenninger, Charlotte Höhn, Annemarie Schimmel und Steffen Heitmann. Und fast in allen Auseinandersetzungen gibt es Männer, die Angst um ihre Selbstverwirklichung – mal als »freie Rede«, mal als »freie Kunst« oder »Forschung und Lehre« – haben. Deutsche Studenten! PC will Euch den Phallus im Tessin wegnehmen.

Zurück in die deutsche Zukunft

So wie sich alle amerikanischen Debatten des im ersten Teil beschriebenen Typus immer um die Haltung zur schwarzen Community und zur Geschichte der Sklaverei und der Bürgerrechtsbewegung herum gruppieren und fast alle anderen Debatten dazu einigermaßen kongruent und äquivalent verlaufen, sich Argumente borgen und Vergleiche anstellen, auch wenn mittlerweile einige Verselbständigungen zu beobachten sind, so mußte Kern und Anlaß aller deutschen symbolpolitischen Auseinandersetzungen die Interpretation der Nazi-Vergangenheit sein. Der Historikerstreit der mittleren 80er war der Vorspann zu einer Diskussion und mitunter gar konsensfähigen Revision einiger entscheidender, im Laufe der Jahre entstandener Grundsätze, vor allem der Unvergleichbarkeit der deutschen Verbrechen, die nach der Wiedervereinigung noch einmal neu angestachelt werden mußte. Nunmehr hieß das Thema nicht mehr: sind die deutschen Verbrechen unvergleichlich?, sondern der Schlüsselbegriff lautete »Normalisierung« und umfaßte, neben den Antworten »Nein« oder »Ja, aber...« zur ersten Frage viele andere Wünsche an ein neues Deutschland. Im Rückblick hieß nun alles an der Nachkriegs-BRD »provisorisch«, Ausnahme, auch privilegiert («die gemütliche Bonner Republik», von der es jetzt zugunsten eines eisigeren Berlin Abschied zu nehmen gelte, war der vielbemühte Topos), vor allem aber auch zu weich, zu einfach, nicht männlich und abenteuerlich genug. Nun aber werde es hart, ernst, historisch, und alles konnte endlich richtig gestellt werden, so daß am Ende eine »selbstbewußte Nation« (so der Titel einer schon erwähnten, bekannten rechtsradikalen Essay-Sammlung) dastehen würde. Diese hatte, je nachdem, ihr Vorbild entweder bei den anderen «normalen», »selbstbewußten« Nationen zu suchen, also am liebsten, vor allem, wenn man Karl Heinz Bohrer zuhörte, bei England und Frankreich, oder in der Schäuble- bis rechtsradikalen Version auch bei einer früheren deutschen Version, also irgendeinem Stadium vor dem Provisorium. Je verständlicher man die deutschen Verbrechen fand, indem man sie nur als Fall des »Weltbürgerkriegs« (Nolte), also als nichts Spezielles und Besonderes einstufte, desto besser eignete sich denn auch diese Periode als ein Reservoir von Normalität, wo es doch noch ein paar spezifisch deutsche Traditionen gab, die von der Nachkriegsamerikanisierung und »Re-Education« etwas zu früh gekappt worden seien. Waren im amerikanischen Normalisierungsdiskurs ziemlich eindeutig »nur« die mythisch sauberen Kalten-Kriegs-Fünfziger als Norm und eine Revision von 68 angestrebt, war in Deutschland nicht klar, welche Vorkriegsepoche die deutsche Zukunft bereichern sollte.

Alles ist offen, alles ist gelaufen

Mit solchen Vorstellungen flirteten nach der »Wiedervereinigung« – ein Begriff, der ja auch die Wiederherstellung bestimmter früherer, prä-provisorischer Verhältnisse nahelegt – alle möglichen Figuren aller möglichen (allerdings nicht, wie es manchmal heißt: aller) politischen Lager. Eine besondere Rolle spielte dabei die FAZ, die sich durch den Historikerstreit als Debattenforum empfohlen hatte. Weil es so schön war und dem Blatt politisches Gewicht und Profil verliehen hatte, inszeniert die FAZ seitdem eine Debatte nach der anderen, hauptsächlich im Namen »völlig veränderter« Voraussetzungen. Alles habe sich geändert, alles sei offen seit 1989, alles möglich, alles müsse neu überdacht werden dürfen. Es war wichtig, daß weder im Historikerstreit, noch bei »What's left?« oder »What's right?« ein Sieger aus der Debatte hervorging. Der Charakter des Streits, der Debatte, der Offenheit war entscheidend. Die propagandistische Funktion war ja, gerade nicht zu verkünden, nunmehr gälten alleine die Nolte'schen oder Schwilk'schen Auffassungen. Im Gegenteil, man distanzierte sich z. B. offiziell – Schirrmacher, Chefsache – von Syberbergs Antisemitismus, und Gustav Seibt fand imponierend klare Worte, um die Trennung von Nolte zu begründen. Die Debatten sollten vielmehr zum Ausdruck bringen, daß alles offen sei, alles im Fluß, und man weder Tabus noch den »Spiegel« zu fürchten habe, wenn es darum ging, sich unorthodoxe Lösungen für Deutschlands nationale Fragen einfallen zu lassen. Im Verlaufe dieser Profilierungen der FAZ als Blatt der neuen Revidierbarkeit, der Freiheit, die ständig beschworenen »Denkverbote« aufzuheben, verlor der »Spiegel« die Meinungsführerschaft, und das nicht weil ihn schon seine wöchentliche Erscheinungsweise am debattenhaften Auftreten hinderte, das für die Lancierung eines Gegenstandes, das normale neue Deutschland, so vorteilhaft war. Augstein hatte sich zwar noch am Historikerstreit beteiligt und wies damals noch die unwahrscheinlichen Frechheiten der Fest (Hitler habe lediglich Stalin imitiert), Hillgruber (es habe nur eine Million ermordeter Juden gegeben), Nolte (Hitler hätte sich zu Recht von den Juden bedroht gefühlt)[6] zurück, hatte aber die Stichwortgeberschaft schon verloren. Er konnte sie nur teilweise zurückerobern, indem er sich nach dem Mauerfall an die Spitze nunmehr der nationalistischen Bewegung setzte. Sein Blatt folgte ihm mit dem ungeschickten Versuch, sich – wir wollen auch Tabus brechen! – zum Forum offen rechter Kulturpolitik und -debatten zu machen (Bocksgesang!). Und verlor die letzte Glaubwürdigkeit: Schließlich hatte die traditionell rechte FAZ Nolte und Syberberg nicht mehr mitspielen lassen, während der traditionell linksliberale Augstein Nolte persönlich interviewte und der Kulturteil monatelang Botho Strauß (nicht einmal) diskutierte. Dennoch durften in der FAZ auch weiterhin weniger spektakuläre notorische Rechtsradikale wie Karlheinz Weißmann, Heimo Schwilk, aber auch die homegrown Rechtsaußen wie Johann Georg Reißmüller (für den Obdachlose »Makroorganismen« heißen[7]) und Konrad Adam ungehindert weitermachen. Und der Propaganda für offene Debatten und Fragen stand der genervte unwirsche Zorn über »politisch korrekte« Störenfriede gegenüber, denen man im Grunde immer nur wieder vorhielt, daß »politisch« gar nichts mehr zu diskutieren sei, eigentlich alles gelaufen. Ein überaus interessantes Komplement zu der anderen unterschwelligen, die Debatten konstituierenden Behauptung, alles sei offen und diskutabel.

Hitler's willing Talk-Show-Gäste

Heute schafft es nach einem guten Jahrzehnt Historiker- und Folgestreits ein Buch wie »Hitler's Willing Executioners« von Daniel Jonah Goldhagen mit Thesen, die schon einmal normal gewesen wären – es gäbe einen spezifisch deutschen Antisemitismus, der für den Holocaust entscheidend war z. B. –, einen Aufschrei der Entrüstung quer durch die Journaille auszulösen[8], der symptomatisch ist für den unverändert hohen symbolischen Wert der deutschen Vergangenheit und der sie verwaltenden Historiker, aber auch dafür, daß der Aggregatzustand des Debattenhaften immer noch der für diesen Komplex beste im Sinne der neuen deutschen Nationalinteressen ist. Als diskutierbar inszeniert, erscheint die deutsche Vergangenheit offen, und damit auch deren Konsequenzen für die aktuelle deutsche Politik. Auch wenn jeder Beteiligte subjektiv zum Resultativen strebt. Goldhagen dagegen hatte eine klare Wahrheit anzubieten. Diese war nicht nur vollkommen unerträglich, eine Verwandlung dieses Resultats in eine hitzige, unübersichtliche und überaus offene Debatte war diskurspolitisch das Beste, was den Freunden der Offenheit bei der Beschäftigung mit jüngerer deutscher Geschichte passieren konnte. Ein Problem war allerdings, daß Goldhagen von den USA aus sprach und daher größere Image-Schäden zu befürchten waren. Nach der Reihe von rassistischen Attentaten und Anschlägen in Deutschland hatte sich nämlich gezeigt, daß zwar nicht sehr wirksame, aber wenigstens ein bißchen Symbolpolitik immer noch zu machen ist, wenn man deutsche Zustände dem Ausland imagebeschmutzenderweise zur Verfügung stellt. Es gibt dann immerhin eine gewisse Aufgeregtheit, wenn international das deutsche Image in Gefahr ist. Hatten nun aber nicht die »Historiker« bei ihrem Streit diesen alten Scheiß aus der Welt geschafft? Nun wurden dieselben wg. Goldhagen verzweifelt angerufen. Wer so wie Goldhagen spricht, kann kein anständiger »Historiker« sein[9], gerade die »Historiker« hätten doch... Diese »Historiker« im emphatischen Sinne sind seit dem Historikerstreit eine wichtige symbolische Instanz geworden. Sie entsprechen den »amerikanischen Wissenschaftlern«, die man als Zeugen dubioser Wahrheiten aus der Boulevardpresse kennt, und sind diejenigen, die die neue Nation Tag und Nacht mit harmlosem und gefährlichem, aber immer Identitäts- und Legitimitätsfutter beliefern. Aber auch die konkreten »Historiker« Michael Stürmer, Wolf Jobst Siedler, Johann Georg Reißmüller, Rudolf Augstein, Joachim Fest und im heutigen Alltagsgeschäft allen voran der oberste Tabubrecher Arnulf Baring – die ja mitnichten von Haus aus alle Historiker sind – und über ihnen der tabuumwitterte, ideale deutsche Gesamthistoriker Ernst Nolte stehen im kulturellen Zentrum des deutschen 90er Jahre Mainstream. Überall werden sie gebraucht, müssen sie korrigieren, richtigstellen, vergleichen und abgleichen. Nie waren sie so wichtig wie in diesen Gründerjahren der sogenannten Berliner Republik. Ihr Job ist auch hier, aber in spezifisch deutscher Weise, das Rückgängigmachen von 68, also Revision des damit u. a. verbundenen relativen Antifaschismus als des vermeintlich immer noch vorherrschenden, »Deutschland« zumindest behindernden Konsenses. Ihr meistbeachtetes Forum ist die FAZ, im rechtskonservativen Hinterland der »Welt«, »WamS«, »Rheinischer Merkur« werden noch weit hemmungslosere Positionen erprobt. Aber ihre Wirkung reicht weit darüber hinaus in Talk-Shows und Focus-»Fakten« hinein. Das große Ziel dieser vielen komplexen Einzelbemühungen, Reflexionen und auch durchaus Zerknirschungen: den selbstbewußten, außenpolitisch agilen und entschlußfreudigen Nationalstaat zu legitimieren, der nun aber genug getrauert hat und erst recht kein blödes Denkmal oder eine Trauerstätte braucht.[10] Nein, sie sind keine Nazis, sie sind nur dagegen, die ganze deutsche Geschichte immer nur darauf beziehen zu müssen, und von überall kommen ihnen Leute wie ihr publizistischer Kamerad Johannes Gross zu Hilfe, der anläßlich der neuen politischen Verhältnisse in Italien äußerte, daß man nun auch den Faschismus, in neuem Gewand freilich, wieder positiv auf der politischen Rechnung haben müsse[11].

Deutsche und Juden – gleich schuldig/unschuldig?

Und am Beispiel der Historiker-Debatte kann man heute auch betrachten, wie das gezielte Offenhalten, In-der-Schwebe-halten, aber so auch Im-Gespräch-Halten eines Themas schließlich die als Novität lancierte Komponente (im Historikerstreit: deutsche Verbrechen sind relativierbar, auf verschiedene Art und Weise) schließlich als gar nicht besonders betontes Element sich plötzlich en passant als neuer Mainstream präsentieren darf: in einer Titelgeschichten-förmigen Antwort auf Goldhagen setzt der »Spiegel«[12] schon im Vorspann die These von der Kollektivschuld der Deutschen mit dem Vernichtungsrassismus der Nazis gleich: »Ein ganzes Volk muß büßen – diese Nazi-These von der kollektiven Schuld der Juden kehrten die Sieger 1945 vorübergehend gegen die Deutschen.« Diese Ungeheuerlichkeit muß man sich auf der Zunge zergehen lassen. Der »Spiegel« plaziert sie am denkbar neutralsten Platz, im fett gedruckten Vorspann zur nur in der Hausmitteilung einem Autor – Fritjof Meyer – zugeordneten Titelgeschichte gegen Goldhagen. Die rassistisch motivierte, industrielle Vernichtung der Juden basiert also auch nur auf einer Kollektivschuld*these*, die Juden mithin also genauso – teilweise? – schuldig wie die Deutschen, Kollektivschuld aber ein Fehler? Den Deutschen kollektiv die Schuld zu geben – dasselbe wie sie vernichten? Wieviel schlimmste und unfaßbarste Historikerstreit-Thesen hier als Business-as-usual-Konsens einen auch sonst ungeheuerlichen Artikel einleiten, offenbart, wie ungehindert sie gerade wegen der Unabgeschlossenheit, nicht erfolgten endgültigen Zuordnung zu politischen Position auf den Boden deutscher Konsenshirne absinken konnten. Wir erhalten ansonsten seitenweise Exkulpationsmaterial. Die Deutschen wußten nichts, und wenn sie etwas wußten, waren sie dagegen: ein Volk von Helden. Am Ende sei auch Hitler mit ihnen ungeduldig geworden. Der Artikel gipfelt in der Wahnsinns-These, der Führer hätte die Deutschen, weil sie die Judenvernichtung nicht zu würdigen gewußt hätten, zur Strafe in den Untergang geführt: »Hitler verurteilte nun das deutsche Volk zum Untergang, weil es sich nicht als den Nazis angemessen erwiesen hätte.« »Ein Volk von Dämonen?« fragt der »Spiegel« auf dem Titelbild, um ein Volk von Opfern daraus zu machen.

Kids und Kunze wollen auch

All diese Entwicklungen sind aber keine resonanzlosen Verordnungen oder fruchtlose Verhängungen von oben und aus dem Zentrum kultureller Hegemonie, denen anomische, inlineskatende Techno-Kids, bis zu den Ohren voller Ecstasy, gegenüberstehen, denen das alles egal ist. Man stelle nur irgendwo in Deutschland einer Auswahl dieser nämlich gar nicht so anomischen, durchaus wohlerzogenen, angenehm riechenden, zeitgemäßen, freundlichen und modischen Kids mit kreativen Neigungen und selbstdarstellerischen Talenten und Abitur nur ein paar unverfängliche Fragen über Nationen und Nationalität, und von 28 antworten 24, daß man doch mal aufhören müßte, uns immer unsere Vergangenheit vorzuhalten und daß kein »übersteigerter« Nationalismus zwar, aber gesunder Nationalstolz oder Patriotismus doch ganz natürlich seien. Außerdem hätten die anderen schließlich auch ihre Skelette im Schrank (Kolonialismus!).[13] Als ein weiterer Indikator mag eine Figur wie der oben zitierte Kunze gelten, der nicht zu Unrecht als rockstargewordener Archetyp des leicht opportunistischen linken Lehrers gilt, des Parteisoldaten einer irgendwielinken, Ey-Du-sozialdemokratischen Hegemonie, die in den späten 70ern/frühen 80ern auf dem Höhepunkt war. Wenn selbst dieser Typus, zwar Opportunist, aber doch nicht gerade Schnellmerker und an relativ konstanten Weltbildern interessiert, mittlerweile mit Walser »Spiegel«-konform seine deutsche Identität und den intellektuellen Rang von Botho Strauß entdeckt, um anschließend »Viva«-konform Quoten für deutsche Rockmusik zu fordern, kann man davon ausgehen, daß Deutschland auf allen Ebenen zurückgekehrt ist.

Aporien des Anti-Anti-Amerikanismus

Immerhin steht denen, die die »Vergangenheitsbewältigung« für beendet erklärt haben, in der Mitte des politischen Spektrums noch ein Typ Liberaler gegenüber, der die rechte Symbolpolitik zwar durchschaut, aber ihr ein universelles Individuum entgegensetzt, das zwar auch an Normalisierung interessiert ist, auch wieder souverän Außenpolitik betreiben will, auch antinationale Positionen immer wieder gern als Rückfälle in den deutschen »Sonderweg« interpretiert, aber das den Holocaust immerhin nicht relativiert. Dieser über die neuen Nationalismen ebenfalls alarmierte (zuweilen auch Wirtschafts-) Liberale – im FAZ-Streit um die Rechte »What's right?« war es z. B. der Wirtschaftsredakteur Hans D. Barbier, der sich am schärfsten gegen die neue Rechte wandte – hat nun einen neuen Orientierungspunkt entdeckt, der auch für viele Linke attraktiv geworden ist: Pro-Amerikanismus. Aus der leicht zu ermittelnden Tatsache, daß sich unter fast alle deutschen Neo-Nationalismen, insbesondere die kulturideologischen, ein Anti-Amerikanismus mischt, der immer auch schon ein ideologisches Element des spezifisch deutschen Antisemitismus gewesen ist, wird nun im Umkehrschluß gefolgert, daß grundsätzliche Unterstützung der US-Politik, zumindest aber einer US- Kulturhegemonie die geeignete Gegenmaßnahme zur neo-rechten und neo-völkischen Orientierung deutscher Kultur und Politik sei. Für Leute wie Richard Herzinger, Dan Diner oder auch Maxim Biller reicht dann etwa die, verglichen mit den heutigen Verhältnissen, noch relativ erträgliche Vorvereinigungs-BRD als Indiz für die heilsame Wirkung der US-Vorherrschaft auf die Welt. Doch was für die Deutschen gelten mag, trifft sicher nicht auf Nicaragua, Grenada, Mexiko und Guatemala zu. Der US-Imperialismus oder wie immer man die militärische und teilweise wirtschaftliche Vorherrschaft der

USA nennnen will, hat vermutlich niemandem so genutzt wie der deutschen Nachkriegsjugend. In der pro-amerikanischen Orientierung konnte sie sich auch kulturell von Nazi-Eltern befreien. Es war sicherlich einer der besseren Momente von Kulturexport und Jugendkultur, als sich ein Teil einer Generation mit »Negermusik« gegen deutsche Eltern und Kultur identifzierte. Dazu gehörte aber zum anderen die Rahmenbedingung Marshall-Plan, NATO und Kalter Krieg. Deutschland war eines der wenigen Länder mit US-Truppen, das von Anfang an als Außenposten und Verbündeter vorgesehen worden ist: daß diese Sonderbehandlung nun ausgerechnet den Linken den Kopf verdreht, verweist eher auf deren kopflose, zickzackhafte Suche nach Freunden unter den Feinden ihrer wechselnden Feinde.[14]

Jenseits der Horizonte: ein deutscher Postkolonialismus

Eine weitere politische Grenze dieses Liberalen besteht darin, daß er seinen auf deutsche Verbrechen zu Recht in deren Einmaligkeit fixierten Antifaschismus vom Antikolonialismus zu radikal getrennt hat. Frantz Fanon etwa verlangte nicht, den deutschen Faschismus einsortierend zu relativieren, aber als einen (keineswegs nur) nach Innen gerichteten Kolonialismus im Zusammenhang mit anderen Antikolonialismen gemeinsam zu bekämpfen und zu analysieren. So wäre auch die antikapitalistische Dimension des Antifaschismus zu erhalten oder zurückzugewinnen, die im 68er Antifaschismus noch eine Rolle spielte. Die Möglichkeit, die moralische, politische und historische Bewertung der deutschen Verbrechen an solchen Verbindungslinien entlang zu modifizieren oder zu relativieren, muß natürlich um jeden Preis ausgeschlossen werden. Fanon legt zwar einerseits großen Wert auf den Unterschied zwischen Antisemitismus und »negrophobem« Rassismus, beschreibt sie aber als komplementäre Phänomene desselben »geistigen Abenteuers« Europas[15], des Kolonialismus. Aimé Césaire, auf den sich Fanon teilweise beruft, weist drastischer auf die Gemeinsamkeiten zwischen kolonialistischer und nationalsozialistischer Logik hin und sieht im Hitler-Faschismus die logische Konsequenz des kapitalistisch-kolonialistischen Projekts. »Man entrüstet sich. Man sagt: ›Wie sonderbar! Ach was! Das ist der Nazismus, der wird auch wieder vorbeigehen!‹ Und man wartet, und man hofft, und man verhehlt sich selbst die Wahrheit, daß das wohl eine Barbarei, doch die Vollendung der Barbarei ist, die Krönung, das Resümee all der täglichen Barbareien; daß es der Nazismus ist, ja, aber daß man (...) ihn legitimiert hat, weil er bisher nur auf nichteuropäische Völker Anwendung fand.«[16] Man könnte Césaire vorwerfen, den Holocaust für ein völlig berechtigtes antikolonialistisches Anliegen unberechtigterweise zu instrumentalisieren. Doch was er polemisch und überspitzt formuliert, führt zu einem wichtigen Punkt auch der Aufarbeitung des Nationalsozialismus. Die gemeinsame legitimatorische Wurzel des Nazi-Faschismus und großer Teile von Kolonialismus im Mythos von der binären Rassenopposition zwischen Ariern und Semiten, hat Léon Poliakov beschrieben.[17] George L. Mosse zeigt in seiner einflußreichen Rassismus-Studie, daß es Motive gab, die negrophober und antisemitischer Rassismus während ihrer ganzen Geschichte schon immer geteilt haben, zum Beispiel sexuelle, andere kommen nur bei einem der beiden vor.[18] Daß Rassismus gegenüber Kapitalismus indifferent sei und umgekehrt, wird in der liberalen Position gerne mit verschiedenen antifaschistischen und gar antirassistischen Effekten kapitalistischer Entwicklungen untermauert. Daß aber die koloniale europäische Ausbeutung – ein historisches wie strukturelles Fundament des modernen Kapitalismus – immer schon auf rassistische und Rassismus-analoge Unterscheidungen zurückgreifen mußte bzw. diese hervorgebracht hat und ihr Weltbild und ihre Epistemologie davon durchdrungen sind, ist die entscheidende Erkenntnis vor allem des modernen, von Fanon begründeten Antikolonialismus.[19] Dieser ermöglicht gerade einen konkreten Bezug zu den spezifischen Kolonialgeschichten und schließt damit die vergleichende, nivellierende Argumentation, alle hätten Skelette im Schrank, aus, weil er gerade auf die konkreten, aus dem Kolonialismus hervorgegangenen, heute lebenden Menschen und Kulturen verweist. Diese post-, anti- oder de-koloniale Klammer fast aller um PC in den USA, Großbritannien und Frankreich herum gruppierten Kämpfe steht in Deutschland nicht zur Verfügung. Auch ein Herr Bohrer möchte seine britische und französische Normalität, ohne dafür den antikolonialistischen Preis zu zahlen. NordafrikanerInnen in Frankreich und pakistanischstämmige EinwohnerInnen Großbritanniens kennen aber keine Normalität, selbst wenn sie das dortige ius soli noch weit besser dastehen läßt als das deutsche ius sanguinis hiesige ArbeitsmigrantInnen. Der erste deutsche Kolonialismus ist komplett verdrängt, der deutsche Faschismus verschließt sich einer antikolonialen Aufarbeitung, weil er seine Sache gründlich gemacht hat. Eine Voraussetzung für Antikolonialismus ist auch die Anwesenheit von Nachkommen der Kolonisierten, in dieser Übertragung also der jüdischen Opfer. Nur dadurch würde eine kulturelle Revision ermöglicht, eine »Vergangenheitsbewältigung«, die sich nicht auf Moral beschränkt, sondern die noch so überaus intakten kulturellen Voraussetzungen aufarbeiten würde: die rassistische Psychologie der Deutschen, deren negrophobe und antisemitische Anteile nur überaus selten zum Thema von kulturellen Inszenierungen geworden sind, die über die rein moralische Verurteilung hinausgegangen sind. Durch die abwesenden Nachkommen ist eine »Verarbeitung« als »Entgleisung« möglich, die die Logik der antisemitischen und rassistischen Vernichtung verdunkelt. Die Deutschen imaginieren sich so als verantwortliche, aber tragisch-böse Handelnde, als qua Tragik nobilitierte Subjekte noch ihrer trübesten Geschichte und erkennen nicht ihre Erbärmlichkeit als ein Bestandteil eines größeren ideologischen Zusammenhangs. An dem deutsche Kultur und Philosophie als Stichwortgeber des Antisemitismus, Arier-Mythos und der Negrophobie einen ebenso entscheidenden Anteil hatte wie konkrete Deutsche an der Durchführung des Holocaust.

Geld tarnt sich als Menschenrecht

Um so leichter war es denn auch, das Unverständnis gegen den postkolonialen Aspekt importierter PC-Motive groß zu orchestrieren, deren angeblich besonders partikulare, antiuniversalistische Aspekte wurden betont, eine vermeintliche Nähe zu Fundamentalisten beschworen und altdeutsche Orientalismen und Afrikanismen erneut hervorgezogen, wenn es darum ging, amüsiert bis entsetzt zu beschreien, was sich an US-amerikanischen oder britischen Universitäten angeblich so tut. Im Zweifelsfall machte es sich jedes Arschloch am leichtesten, wenn es sich zum Universalisten erklärt – daß alles andere zur Rechtfertigung von Mullahs und afrikanischer Klitorisbeschneidung führe, wird dabei gerne ungefragt nachgereicht.[20] Auch die Wertschätzung einer US-amerikanischen World Order beruft sich auf die heilsamen Effekte des dazugehörigen Universalismus auf Mullahs und andere Mittelalter-Vertreter. Dabei ist es natürlich gerade das Problem, daß Klerikaldiktaturen und Frauenunterdrückung ein Unrecht produzieren, gegen das man sich nicht auf einen europäischen Universalismus[21] als Gegenposition berufen kann. Seine Philosophen Kant und Hegel[22] z. B. sehen außerhalb Europas sowieso kaum überhaupt eine Geschichte außer der eigenen, am allerwenigsten in Afrika. Doch auch heute noch bilden »Legenden (...) Indiens Geschichte. Sie halten das Volk zusammen.«[23] Seine im Zuge dieser Philosophie produzierten Menschenbilder sind noch im Einsatz und perpetuieren sich bei allem kosmetischen Nichtrassismus weiter. Ein Blick auf »Farbige« in »Viva« und der deutschen Werbung reicht, um Kants Bemerkungen über den »Nationalcharakter der Neger« im Vorabendprogramm wiederzufinden.[24] Dieser Universalismus hat immer seinen Opfern die Regeln diktieren wollen, nach denen sie sich zu befreien hätten und Subjekte in seinem Sinne werden könnten. Einen solchen Vorwurf auszusprechen heißt gewiß nicht, die »partikularistische« Gegenposition einzunehmen, wie einem dann gerne unterstellt wird, oder zu stärken, daß etwa die Menschenrechte nicht überall gelten. Es gilt sogar sehr viel mehr als die und überall und für alle. Aber das System, aus dem ich dies ableiten soll, der westliche Universalismus, ist kein mathematisch neutrales Gesetz, sondern mit Blut geschrieben und selbst Urheber eines radikalen Partikularismus, der nur seine andere Seite ist. Sein Traum von einer mathematisch-neutralen, überhistorischen Vernunft, die es natürlich nirgendwo gibt, ist selber unvernünftig. Sein »abstrakter Mensch« war immer schon ein weißer Europäer. Das heißt nicht, diesem einen konkreten gegenüberzustellen, denn der Fehler besteht ja in der nicht ausgesprochenen Konkretheit des Abstrakten. Man könnte argumentieren, daß man unabhängig von seinen geschichtlichen Spuren heute einen neuen wahrhaft universellen Universalismus einsetzen könnte. »Man« kann das aber gerade nicht, da »man« nicht abstrakt und neutral ist, sondern immer schon politisch und kulturell verstrickt. Das könnte höchstens von subalternen und postkolonialen Positionen aus geschehen und wäre natürlich nicht nur gegen Europa, sondern auch gegen religiöse Fundamentalismen und deren geheime Pakte wünschenswert. Eine postkoloniale Linke kann vorerst nur flexibel und situativ reagieren, wie das etwa Homi Bhabha und Edward Said anläßlich der Rushdie-Affäre vorgeführt haben: mit Entschiedenheit die Fatwa abgelehnt, aber gleichzeitig dem Bild vom eifernden Moslem in den britischen Medien widersprochen und die britischen Rushdie-Gegner als erklärbar, nicht fanatisch, wenn auch natürlich falsch handelnde Personen beschrieben. Schließlich ist selbst der naive Universalismus der PC-Gegner, wenn es ihn denn geben sollte, bislang nie als aktive Kraft gegen Mullahs und Frauenverstümmeler aufgefallen, sondern eher als das Prinzip, daß auch mit diesen Antiwestlern hervorragende Geschäfte möglich sind. Der abstrakte Menschenrechts-Universalismus der FAZ korrespondiert ebenso hervorragend damit, Texte des chinesischen Staatspräsidenten am Vorabend eines Deutschland-Besuchs zu drucken. In der Praxis war dieser Universalismus nämlich eher der des allgemeinen gesellschaftlichen Äquivalents, genannt Geld.

Exotistin gegen Mischehen

Annemarie Schimmels vielen zu große Liebe zu Islamisten und andere Staats-Moslems – eine weitere deutsche »PC-Debatte« ging von ihr aus – funktioniert nun genau entgegengesetzt: Sie versucht nicht, Motive zu erklären, Kontexte nachzureichen, sondern ist von der Differenz an sich begeistert. Sie braucht diese Differenz, um ihr Morgenland als eines auch den Daheimgebliebenen zu beschreiben, das eben, weil es unüberwindbar different, grenzenlos genießbar ist, als reine folgenlose Schönheit taugt, ohne Kontext.

Daher ist dann auch das Gedicht, der Aphorismus, die makellose Perle der Spruchweisheit idealer Gegenstand ihrer Begeisterung, da ihn schon formal die Ferne von Kontext, die Isoliertheit, die Rarität auszeichnet. Daher hat sie, die beispielhaft für die Bewunderung der Deutschen für das Fremde, wenn es ihnen nicht zu nahe kommt und zum Kontext und Zusammenhang wird, steht, allergrößte Schwierigkeiten mit dem echten »Kontakt der Kulturen«. Als ihr (sie als Philologin schätzende, von ihrer Politik aber entsetzter) Schüler Gernot Rotter sie in einem »Spiegel«-Interview wegen ihrer vagen und zweideutigen Haltung zur Fatwa gegen Salman Rushdie zur Rede stellte, nahmen viele KommentatorInnen ihre Äußerungen von Verständnis für wg. »Satanischer Verse« weinender Moslems zum Anlaß, ihr Kulturrelativismus zu unterstellen und sich selbst mal wieder als eiserne Euro-Universalisten zu inszenieren. Tatsächlich gab es in diesem Gespräch eine noch viel skandalösere Äußerung, nämlich eine Antwort auf die Frage nach der Qualität des Romans, »Die Satanischen Verse«. Ein Autor, der von zwei Kulturen geprägt sei, sei immer eine tragische Figur und aus seinen Texten könne nichts werden, meinte Frau Schimmel sinngemäß, womit sie aber nicht die Fatwa rechtfertigen wolle. Ist auch gar nicht mehr nötig.

Kleines deutsches Rassimus-Panorama

Nichthintergehbare Differenz zwischen den Völkern, die man (wegen Political Correctness) »nicht aussprechen dürfe«, waren auch das Problem der Bevölkerungswissenschaftlerin in Bundesdiensten, Charlotte Höhn, deren Übergänge in offenen Rassismus dankenswerterweise von der taz dokumentiert wurden.[25] Doch steht sie mit dieser Perspektive nicht allein, sie ist kein Einzelfall, zu denen man die Rassisten immer machen will, sondern steht in der Kontinuität eines Denkstils, der weite Bereiche des bürgerlichen Milieus betrifft und nur unterschiedlich und zu unterschiedlichen Anlässen mobilisiert wird. Auch die in den Tagen von Rostock und Hoyerswerda gerne angestellte Überlegung, die Ostler seien nur so fremdenfeindlich, weil sie noch nicht oft genug im Ausland waren, greift selbstverständlich nicht. Gerade dem Ferntouristen wird in der Regel ein perfektes, differenz-rassistisches, kulturalistisches Programm immer wieder gern geboten. Die parfümiert kulturalistische Rede von den reizenden Fremden spielt gerade in Deutschland, wo Exotismus z. B. nicht zum verspielten, künstlerischen Genre wurde und statt dessen um so mehr zur Denk-Konvention spätestens seit der Romantik, eine Hauptrolle im kulturellen Mainstream. Die Erinnerung an das letzte Tischgespräch mit nahestehenden oder mindestens verwandten Menschen, bei dem jemand kategorial etwas über die Charaktereigenschaften und Mentalitäten von Fremden, Fremdrassigen oder anderen Kulturen *wußte*, dürfte bei jedem, der dies liest, leicht gelingen. Die gerne dem französischen Rechtsextremen Alain De Benoist als einzigem Autor zugeschriebene Modernisierung des Rassismus vom Blut zum Rassismus der Kultur (der sogenannte Ethno-Pluralismus), bei dem dann die kulturellen Differenzen zwischen den Ethnien die gleiche absolute, substantielle Dimension zugewiesen wird wie früher den biologischen »Rasse«-Merkmalen, mußte wenigstens in Deutschland nicht erfunden und lanciert werden. Sie entspricht einem Reservoir von geläufigen deutschen kulturellen Gewohnheiten. Entweder hat man immer schon so gedacht. Oder ein kultureller Rassismus konnte immer schon prima mit dem alten Blut- und IQ-Test-Rassismus koexistieren. Der ehemalige, antiautoritäre SDS-Denker und Verfasser von klassischen kritischen Schriften wie »Die schlechte Aufhebung der autoritären Persönlichkeit«, Frank Böckelmann, gab in den 80er Jahren zusammen mit Dietmar Kamper und Walter Seitter die auch schon leicht umstrittene Zeitschrift »Tumult« heraus. Ende April 1996 klärt er in der FAZ, wes Geistes Kind er mittlerweile geworden ist. Die geschätzte Tiefdruck-Beilage »Bilder und Zeiten» eröffnete das Wochenende vom 26. und 27.4. mit einem Leitartikel Böckelmanns gegen »Gleichmacherei« und für die Differenzen, für das »Erschauern vor dem Fremden«, das uns die böse Multikultur mit ihren widerlichen Integrationismen wegnehmen wolle. Der Text folgt weitgehend der Argumentation von Alain de Benoist, ohne ihn allerdings ausdrücklich zu nennen. Dabei besteht die Praxis des Multikulturalismus in Deutschland im übrigen nur zu oft aus genau jenem »Erschauern vor dem Fremden«, auch wenn dieses Fremde erst folkloristisch herbeiinszeniert werden muß. Wenn es im ARD-Kommentar zum Berliner »Karneval der Kulturen« – dessen OrganisatorInnen man allerdings sicher nicht Ethnopluralismus vorwerfen kann, auch wenn sie mit folklorisierenden, aber nicht kulturrassistischen Differenzen operieren – ganz im Sinne dieses fatalen Titels heißt: »Die Afrikaner und die Lateinamerikaner haben's im Blut, selbst wenn sie sich seit Jahren als Berliner fühlen.« Die haben das Blut, die Berliner dagegen die blutlose Vernunft, die natürlich erschauern muß vor dem Blut, in dem die Fremden so viel drin haben: Rhythmus, Viren, Arbeitskraft, Triebe.

Sprache und Weisheit der Fremden

Dieses deutsche Erschauern vor Fremden, das bekanntlich nur zu leicht in deren Erschlagen umschlägt[26], jene Begeisterung für eine Differenz, die aber auf makelloser Homogenität und innerer Reinheit der sich dann nach außen schön pittoresk zu unterscheidenden Ethnien zu beruhen hat, ist nicht nur Schrulle alternder Ex-Linker und anderer furchtbarer Schöngeister, sondern auch Produkt deutscher Orientalismen und Afrikanismen, die nie auch nur aus der Entfernung von einem dekolonisierenden Gedanken angeweht wurden. Als sie merkte, daß sie in der öffentlichen Kontroverse stand, guckte sich Annemarie Schimmel auch sehr schnell und mit relativer Sicherheit als Alternative zu Salman Rushdie einen anderen, ihren natürlichen Feind hinter allen Attacken aus, natürlich Edward Said. Dessen Buch »Orientalism« steht ja für die pointierteste Kritik an den imperialen und kolonialen Fiktionen und Zuschreibungen, auf denen der alte europäische Orientalismus basierte, wie er am ungehindertsten auf deutschem Boden weiterexistieren konnte. Said weist ja darauf hin, daß gerade wichtige Weiterentwicklungen und Verfeinerungen (aber keineswegs Brechungen) des Orientalismus im an unmittelbaren Kolonialgeschäften nur zeitweilig beteiligten Deutschland stattgefunden hätten. Ein Diskurs, der schon von seinen Anfängen an, etwa bei Schlegels »Über die Sprache und Weisheit der Inder« von 1808, nie vom konkreten heutigen Indien spricht, und damit eine noch abstraktere, distanziertere »wissenschaftliche« Projektion erfand als die teilweise über Machtmechanismen, Interessen etc. mitverursachten Orientalismen der Engländer und Franzosen.[27] Entsprechendes gilt für die deutschen Afrikanismen, deren exotistisches Schwärmertum zwar nicht minder, aber weniger vordergründig rassistisch und kulturalistisch war als das englische und französische und daher sogar, wie im Falle Leo Frobenius, für Vertreter der »Négritude«-Bewegung wie Leopold Sedar Senghor[28] attraktiv werden konnte.

Deutschfreunde und Deutschfeinde

Daß fremde Völker bestimmte Eigenschaften haben, die sie nicht loswerden können, darunter auch »Deutschfreundlichkeit« und »Deutschfeindlichkeit«, beherrschte auch die Diskussion über den Jugoslawien-Krieg. Geldströme fließen global, aber die andere Seite der Globalisierung ist die (Neu-)Ordnung der Welt in Zonen mit geschlossenen Grenzen und Migrationsdämmen. Wenn es an diesen Grenzen knallt, weil darum gestritten wird, wer noch mit rein darf und wer schon draußen bleiben muß, kommen sehr alte Abrechnungen zum Zuge. Daß die Serben nicht als deutschfreundlich gelten, unbeachtet ihrer guten Gründe dafür, war in dieser Hinsicht immer schon ihr besonderes Pech und entschied ziemlich viel an der deutschen wie europäischen Politik, aber auch an der Berichterstattung über diesen Krieg. Leider auch auf der Linken, die nun entweder – Teile der taz und der Grünen – versuchte, UNO, NATO und Bundesregierung bellizistisch zu überholen, oder – »Konkret«, »Junge Welt« – im besten Umkehrschluß einfach fünf Jahre lang immer nur das Gegenteil von der FAZ behauptete. Irgendwann sah man sich dann gezwungen, Milosevic zum z. B. »Konkret«-Autor zu machen und mußte sich darauf konzentrieren, irgendwie nachzuweisen, daß Berichte von serbischen Massakern sämtlich Pressefälschungen seien. Oder man parallelisierte, wie Jürgen Elsässer in einer seiner denkwürdigsten Entgleisungen, Srebrenica mit Katyn und damit die Gegner der bosnischen Serben mit den Nazis[29]. In dieser Situation war Auftritt und Rezeption von Peter Handkes Reisebericht aus Serbien hochinteressant für die verwirrte Lage deutscher Symbolpolitik und die eigenartige Rolle, die dabei immer die »Charaktere« und »Mentalitäten« anderer Völker spielen, über die Deutsche, in diesem Fall ein deutschsprachiger Autor und sein überwiegend deutsches Publikum, immer sehr genau Bescheid wissen.

Die Aporien des Anti-Journalismus

Nicht ganz zu Unrecht wunderte sich Handke über die eigenartige Kohärenz der Berichterstattung zum Jugo-Krieg. Nicht, wie ihm böswillig von der Serbenfresser-Fraktion unterstellt wurde, über deren Fakten – Wahrheit – das nur in einem Fall –, sondern über die durchgängigen, einfachen und eindeutigen Interpretationen. Handke hatte schon den symbolpolitischen Kern, wenn auch nicht reflektiert, so doch instinktiv ausgemacht: Die Interpretationen waren – selbst wenn viele von ihnen stimmen sollten – zu schnell fertig und zu kongruent mit den Interessen entscheidender politischer Kräfte. Nur verbindet Handke dies atmosphärisch und auch argumentativ mit einem Bericht von den idyllischen und überaus zivilisierten, zuweilen vorkapitalistischen Zuständen unter den (nicht kriegführenden) Serben, zeichnet mal wieder eines dieser positiv-exotistischen, atemlos begeisterten Bilder von den Sitten und Gebräuchen eines fremden Stammes und erhält für diese Gesamtleistung sogar vereinzelt Beifall von sonst überaus antiessentialistischen Teilen der Linken, nur weil die sich in ihrer negativ auf Reißmüller fixierten Position im Balkankrieg über jedes proserbische Wort freuen müssen. Aus dieser besonderen Hilflosigkeit, gegen »die Presse«, gegen vorschnelle Interpretationen und deren Distribution durch elektronische und Massenmedien, mobilisiert ausgerechnet die Linke die Position des sensiblen Dichters. Und dieser liefert einen romantischen Medienskeptizismus, der authentizistisch der Vermittlung mißtraut und ihr die unmittelbare Erfahrung entgegensetzt, ja sich vermischt mit einer politischen Einschätzung der Motive der Medien und einer moralischen der Charaktere, die sie beliefern. Schließlich bringt dann auch Handke nur noch Unbrauchbareres hervor: die Fortsetzung der Tradition von unbeteiligter, aber poetisch aktiver und an anerkannte (Dichter-)Autorität gebundene Projektion eines besseren, belesenen, noch nicht von modernen Massenmedien verseuchten Volkes, durchaus in der Tradition von Orientalismen und Afrikanismen. Eine Projektion, der man nur in geringem Maße zugute halten kann, daß sie konterhegemonial auftritt.

Anti-PC in Deutschland: vom schädlichen Ami-Import zur Abwehrformel gegen politische Inhaltlichkeit

PC wurde aber nicht nur als eine Bewegung wahrgenommen, die den Deutschen so einige ihrer Gewohnheiten ausreden wollte, die noch wesentlich schlimmer entwickelt sind und ungestörter ausgetobt werden als im PC-Export-Land USA, sondern eben auch zuallererst als ein typischer Export aus den USA. Und über die USA und ihre Sitten wissen die Deutschen noch mehr als über andere Völker: schließlich hat ihre mangelnde Kenntnis von und nicht vorhandenes Interesse für Dekolonisierung im angloamerikanischen Sinne auch damit etwas zu tun, daß sich die Deutschen selber zuweilen ganz gerne für ein kolonisiertes Volk halten. Die Tradition deutscher Selbstdarstellung als aufrichtig, gutmütig, ein bißchen provinziell und so auch den Perfidien Albions und dem Raffinement der Welschen hilflos ausgeliefert, fand ihre Fortsetzung in den staunenden Berichten aus einem »verrückten« Amerika etwa durch Peter von Zahn in den Anfangstagen des Fernsehens, denen eine langsamere, gemütlichere und verwurzeltere Lebensart als deutsch gegenübergestellt wurde. Unser Kolonialherr aber sind nun die Amis, und gerade seit 89 müssen wir wenigstens den kulturellen Einfluß dieses Kolonialherrn abschütteln. Diesem Zweck diente die Berichterstattung über PC-Greuel ebenso wie die Hysterie wegen der Touristenmorde von Miami. Von PC-Terror wurde zwar schon seit 1991 unter Meinungsführerschaft des US-Korrespondenten der FAZ, Jörg von Uthmann, hauptsächlich in konservativen deutschen Gazetten warnend geraunt, obwohl auch »Konkret« PC »amiblöd« fand[30]. Zum vielbeschworenen Faktum »auch bei uns« wurde das Phantom aber erst seit der Kandidatur Steffen Heitmanns um das Amt des Bundespräsidenten, genauer nach einem Interview des Kandidaten mit der Süddeutschen Zeitung. Bis dahin war die Anti-PC-Berichterstattung ein weiteres Argument für das Beenden amerikanischer Kultureinflüsse in Deutschland, wie man sie seit 89 von rechts so oft hört. Mit der Causa Heitmann verschob sich die Debatte auf die Abwehr einer politisch inhaltlichen Auseinandersetzung über die politischen Verschiebungen im neuen Deutschland. Dabei wurde so getan, als ginge es bei Heitmann, den Causae Höhn, Schimmel, Jenninger etc., analog zu der Campus-PC in den USA, auch nur um vermeintlich geforderte Sprachregelungen, die als solche lächerlich sind, nicht um die Inhalte, die die Genannten vertreten. Als hätten Heitmann und Co. auch nur gegen willkürlich gesetzte Etikette verstoßen und nicht vielmehr Inhalte geäußert, die recht unabhängig von ihren Formulierungen Anstoß erregten.

Politische Kritik heißt seit 1993 »politisch korrekter Tugendterror«

Heitmann hatte in dem SZ-Interview vom 18.9.1993 aus seinem reaktionären Herzen keine Mördergrube gemacht: Nationale Identität brauchen wir dringend, Feminismus versaut die Frauen, die Familie und traditionelle Werte müssen gestärkt werden – ein rechter Kulturkonservativer wie er im Ullstein-Buche steht. Sein Sturz wurde von der Röhl-Zitelmann-Fraktion denn auch entsprechend heftig beweint. Diese ersten zusammenhängenderen, öffentlichen

Äußerungen des ja relativ unbekannten Kandidaten wurden in der politischen Mitte (und links davon) mit einiger erschrockener Aufmerksamkeit wahrgenommen. Ein solcher Bundespräsident ließ Schlimmes ahnen, schließlich war er Kohls Kandidat und damit auch ein Signal für dessen Deutschland-Pläne, ja für dessen zwar oft nicht sehr sichtbare, aber nie zu unterschätzende kulturkämpferische Seite. Schließlich erwies sich, daß Heitmann nicht durchsetzbar war. Im Gegensatz zu Kohls Friedenspreis-Kandidatin Schimmel, deren Ehrung der deutschen Exportwirtschaft den erhofften beseren Stand in Pakistan zu sichern geholfen haben dürfte. Das Erstaunliche war nun, wie von Heitmanns Anhängern dessen Sturz der zu diesem Zweck inflationär angerufenen Political Correctness angehängt wurde. Die politisch korrekte Lektüre von Heitmanns SZ-Äußerungen täten dem Kandidaten unrecht. Schließlich sei der Mann neu in der Politik und außerdem aus der DDR, daher mit diesen ganzen Ritualen nicht vertraut. Ein frischer, geradeaus sprechender Typ sei er, dem man doch nicht gleich mit den ganzen Konsequenzen des politisch korrekten Gesetzes kommen sollte. Übersetzt man sich diese Kritik, dann heißt »politisch korrekt lesen« in diesem Fall »ernst nehmen«, politisch ernst nehmen, für ein politisches Programm halten. Es geht demnach zu weit, einfach aus den Äußerungen eines Politikers politische Inhalte abzuleiten. Bekanntlich gibt es keine politischen Spielräume, eh nur einerseits Sachzwänge und andererseits Kultur. Diese Rede bewegt sich in demselben, sich viel auf seine Weltläufigkeit und Frivolität einbildenden Yuppie-Denkstil, der politischer Kritik, neben Humorlosigkeit und zu großer Inhaltlichkeit, vor allem vorwirft, überhaupt noch an eine politische Bedeutung offizieller politischer Figuren und Auftritte zu glauben, um damit auch die altlinken verschwörungstheoretischen Zuschreibungen an das monolithische, unangreifbare DAS

SYSTEM in das neue postpolitisch-generalzynische Stadium der eigenen Biographie zu retten. Fast bewegt sich also dieses Argument der Heitmann-Verteidigung selber in einem trivial-dekonstruktiven, proto-yuppiehaften Kunst-Diskurs und übernimmt den Früh-80er-Desillusionierungssarkasmus, alle Politik sei doch Show – Blixa Bargelds berühmt-berüchtigter Spruch »El Salvador gibt es doch gar nicht« –, und folgert daraus, es sei politisch korrekte Übertreibung, einen Bundespräsidentschaftskandidaten so beim z. B. frauenfeindlichen Wort zu nehmen.

PC-Frechheit: den Politiker für einen Politiker zu halten

Die Heitmann-Freunde verbanden aber derart frivole Relativierungen ihres Kandidaten erstaunlicherweise dann wieder mit einem Lob seines Mutes, tabubrecherisch zu sagen, was sich die verweichlichten Westler nicht mehr zu sagen trauen. Auch in diesem Fall tut politische Korrektheit angeblich also wieder zwei schwer miteinander vereinbare Dinge gleichzeitig: einerseits falsch und unangebracht auf Inhaltlichkeit zu bestehen, andererseits Inhalt zu tabuisieren. Beides wird aber – obwohl es logischerweise zur Grundvoraussetzung von Diskussionen gehört, sowohl sich darauf zu einigen, daß und wie ein Inhalt konstituiert wird als auch zu diesem Imhalt eine bestimmte Position zu entwickeln – formal abgelehnt als unerlaubte und untaugliche, weil unhöfliche Form demokratischen Diskutierens. Der PC-Gegner weist die Diskussion doppelt zurück: Wie kommen sie dazu, mich zu einem Inhalt zu zwingen? Wie kommen sie dazu, eine andere Position einzunehmen? Er zweifelt erst die Kommunikationsform an, um dann im Namen einer anderen Position innerhalb dieser Kommunikationsform zu sprechen. Diese doppelte Figur ist als gängiges strukturierendes Element gerade im deutschen Anti-PC-Diskurs mindestens so häufig zu finden wie in den USA die doppelte Abwehr als einerseits dekonstruktiv, andererseits fundamentalistisch. Sie hat auch damit zu tun, daß die Labels und Slogans, unter denen Politik in Massenmedien oft wiederauftaucht, eine postpolitische Bequemlichkeit allen etablierten Politikern und ihren Interpreten (Journalisten etc.) garantieren, so daß PC vor allem als Drohung, Klartext zu erzwingen, gefürchtet wird. Wobei Klartext im positiven Sinne nicht hieße, sich besonders einfacher Grammatik zu befleißigen, sondern allgemeine Statements an ihre politische Bedeutung zu koppeln. So wurde übrigens analog zum Fall Heitmann schon bei der Jenninger-Affäre noch ohne den Kampfbegriff PC denjenigen, die Jenningers skandalös langes und undistanziertes Zitieren der Täter bei einer Feierstunde für Nazi-Opfer symbolpolitisch im Kontext allfälliger Relativierungen lasen, vorgeworfen, sie würden diesen symbolpolitischen Akt zu »politisch« lesen.

Antifeminismus und Anti-PC

Im Manifest der Heitmann-Fraktion, »Die selbstbewußte Nation«, dessen Herausgeber Heimo Schwilk, Protagonist der deutschen neuen Rechten, »Political Correctness«, wo er geht und steht, auch in der FAZ, für alles Unrecht, das ihm und seinen Gesinnungsfreunden passiert, verantwortlich macht, erlebt ein zweiter Begriff eine Karriere als Stigmawort: Feminismus. Schwilk selbst ist an dieser Front besonders aktiv. Zwar bleibt auch der Antifeminismus bei den deutschen PC-Fressern oft noch unbestimmter als bei den Antifeministen in den USA, die sich auf »Family Values« berufen, Abtreibungskliniken belagern und Ärzte und Klinikpersonal bis zum Mord physisch bedrohen. Karsta Frank hat aber z. B. sehr klar gezeigt[31], daß mit Hilfe von klassischen, aus der US-Debatte übernommenen Anti-PC-Topoi in Deutschland vor allem seit 1993 Feminismen attackiert werden. Nämlich etwa als »Apartheid«, was dem »neue Segregation«-Vorwurf entspricht, »Geschlechter-Rassismus«, was dem »umgekehrter Rassismus«-Vorwurf vor allem gegen Affimative Action entspricht, sowie über die immer schon klassischen antifeministischen Hysterie-, Hexenjagd- und Naturwüchsigkeits-Diskurse, die aber alle in den USA auch gegen PC allgemein erprobt worden sind. Dennoch wurde der Feminismus eher als deutscher Platzhalter der Sprachregelungslächerlichkeit denn inhaltlich kritisiert, eher ging es darum, anhand von Feminismus Politikformen zu denunzieren und sich gegen den weitergehenden, philosophische, theoretisch-politische, alltags-politische, epistemologische wie kulturelle Fragen miteinander potentiell verknüpfenden Aspekt des Feminismus durch die üblichen abgestandenen Anti-PC und die älteren Antifeminismus-Ridikülisierungen abzusichern. Man will sich auch hier nicht auf die Diskussion von Inhalten einlassen, schon gar nicht solche, die in größeren theoretischen Zusammenhängen stehen, sondern bevorzugt einen Diskurs-Typus, den man PC nennt, ein für allemal auszuschließen, da man ihn für ähnlich verführerisch gefährlich hält wie einst den Marxismus.

Weil Politik nicht mehr möglich ist, ist alles offen. Weil alles offen ist, ist alles möglich. Außer Politik.

Antifeminismus bleibt so das einzige, offen ausgesprochene, verbindende restinhaltliche Moment der deutschen PC-Gegner, die sich sonst allenfalls darauf einigen können, der sogenannten PC entgegenzuhalten, daß sie politische Fragen überhaupt noch für diskutierbar halte. Wo doch

Pragmatik, Business as usual etc. dringend erforderlich sei, andernfalls gehen die Unternehmer nach Südkorea und mit ihnen die Arbeitsplätze. Die Japaner mit ihrer Effizienz und die Singapuris mit sauberen Straßen und Prügelstrafe gegen Graffiti warten eh in den Startlöchern. Mitunter ist also auch die Konstruktion des Feindbildes »Political Correctness« nur noch dazu da, die komplementäre Common-Sense-Aussage zu überspielen, daß es politisch nichts mehr zu diskutieren gäbe, nur noch abzuwickeln. Einerseits ist alles neu, anders, geschichtlich, nicht mehr von der deutschen Vergangenheit überschattet, offen, enttabuisiert, aber andererseits durch ökonomische und technologische Determinanten eh klar und festgelegt. Vom Abbau des Sozialstaates und des Asylrechts über die Privatisierung von Bahn und Post bis zur »härteren Gangart« gegenüber der PKK – alles total offen und genauso eh schon total klar. Mit der Öffnung und Offenheit ist die gelungene Abschüttelung politischer Diskussion als Handicap beim Realisieren gemeint, mit »alles schon gelaufen«, daß es nach dieser Abschüttelung eben auch nichts mehr zu diskutieren gibt. Der Sachzwang des kapitalistischen Pragmatismus rules okay.

Ganz schlimm: Gutmenschen

Amerikanischen und deutschen PC-Gegnern ist gemeinsam, daß sie meistens nicht sagen können, von welchen konkreten Personen der PC-Terror ausgehe. Amerikanische PC-Fresser nennen aber gesellschaftliche Brutstätten – Campi – oder besondere Gruppen – Schwule, Lesben, Schwarze, vor allem aber auch Feministinnen, »Feminazis«, wie Rush Limbaugh sagt. Eine deutsche Besonderheit ist, daß die meist genannten Schuldigen gern unter dem Sammelbegriff »Gutmenschen« zusammengefaßt werden. Der ursprüngliche Gutmensch, der in der Tat mal eine dominante und unerträgliche Figur in alternativen und linken Kreisen war[32], fiel durch die individual-moralistische Ersetzung politischer Begründungen und Kategorien durch die (damals natürlich zu Recht) vielgeschmähte »Betroffenheit« als Kriterium der Legitimität politischer Positionen auf. Er traf sich mit seinesgleichen für ein politisches Projekt (Weltfrieden, Abwesenheit von Krieg), dem man recht leicht seine bis zur allerletzten Schwundstufe abgewrackte linke Herkunft ansehen konnte (und demzufolge mit Gewinn verspotten).[33] Der regressive Pazifismus und der Emotionalismus sind dann auch noch heute das in die Gegenwart projizierte Feindbild der Gutmenschengegner, weswegen sich die Anti-Gutmenschen-Polemik besonders gerne abwechselnd und manchmal auch gleichzeitig vor allem im »mutigen Bellizismus« (anläßlich von Jugoslawien, Golf-Krieg und anderen »neuen« Konflikten und in wechselnden Positionen) und in ebenso »sarkastischer« Sprachkritik und Satire austobt. Erfunden haben den Begriff des Gutmenschen Eckhard Henscheid und Freunde aus dem »Titanic«-Umfeld, um einen Sammelbegriff für aus der Öko- und Friedensbewegung hervorgegangene, besonders alberne Identifikationsfiguren und Mitläufer zur Verfügung zu haben. Idealtypen sind greinende, »betroffene« Frauen wie Dorothee Sölle, Luise Rinser, Bärbel Bohley, die sie gerne – und mit steigender Frequenz seit diese Leute, wenn nicht von der Bildfläche verschwunden, so doch zumindest völlig irrelevant geworden sind – satirisch in ihren Zeitschriften und dazu Verlagen wie Edition Tiamat oder dem Haffmans Verlag mit unerschrocken scharfzüngiger, darüber hinaus meist sprachkritischer Satire geißeln (»Dummdeutsch«, »Wörterbuch des Gutmenschen« etc.). Die genannten drei Frauen und viele sog. Gutmenschen mehr drücken sich ungeschickt und betulich aus. Meistens nerven sie auch sonst. In den frühen 80ern schien es, u.a.

weil das Betroffenheitsdeutsch in jeder Hinsicht hegemonial war – die regierenden Sozialdemokraten begannen den Text zu übernehmen, die Grünen eh – nicht wenigversprechend, über Sprachkritik tatsächlich einige der – auch inhaltlich eh zu dürftigen – formalen Besonderheiten dieses Denkens und Dibberns jargonkritisch zu analysieren und zu ridikülisieren. Es war 1980 bis 1985 wichtig und nötig, 68er zu dissen, Teile ihrer Kultur als verlogenen Scheiß zu enttarnen und vor allem die damals aktuelle, extrem regressive Gestalt ihrer Politik, die Friedensbewegung, zu bekämpfen. Das ist fünfzehn bis zwanzig Jahre her. Und immer noch rechnet etwa ein Christoph Schlingensief und viele andere immer wieder und immer wieder mit tabubrecherischstem Gestus mit 68 ab (»Rocky Dutschke«). Das ist nicht nur gähn, davon – und von der ebenso inhaltlich geschenkten bis taktisch bekloppten Gutmenschenverspottung – lebt mittlerweile ein ganzes satirisches Genre, das Leute wie Gerhard Henschel und Wiglaf Droste berühmt gemacht und konsensfähig von »Konkret« bis zur »FAZ« in Lohn und Brot gesetzt hat. Das Genre verlor im Laufe der Zeit auch den methodisch wesentlich ergiebigeren Charakter der Jargon-Kritik und degenerierte zum redundanten Idiotenscheibenschießen mit Mitteln des Deutschlehrers.

Gutdeutsch

Dabei schließt die Kritik an den Gutmenschen in der Regel von schlechtem und falschem Deutsch auf schlechte und falsche Gesinnung, von klischeehafter Sprache auf naives Denken und von unerträglicher öffentlicher Gestik auf die Falschheit des mit dieser Gestik Unterstrichenen. Ein Punkt, in dem sich die (ehemals) linken Kritiker der Gutmenschen nicht so sehr von ihrem neuen Feind, der Political

Correctness bzw. eher dem, was sie diesem vorhalten, unterscheiden: ein übertriebener Glaube an die Aussagekraft sprachlicher Normen und deren Einhaltung. Der Deutschlehrer soll unberührt bleiben durch welsche Ideen wie Poststrukturalismus und Dekonstruktion, die gerade bei Eckhard Henscheid, dem immer noch unumstrittenen Guru unter den Gutmenschenfressern, genauso schlecht angeschrieben sind wie bei seinem reaktionären Äquivalent unter den Sprachkritikern und Dummdeutschbekämpfern, dem kugelköpfigen Herrenmenschen Johannes Gross: beide bekannten sich stolz dazu, diesen ganzen Kram, in der Sicherheit, nichts versäumt zu haben, gar nicht erst gelesen zu haben. Das führt sie auch zu dem Irrtum, PC und Dekonstruktion so behandeln und bekämpfen zu können wie ihre älteren Feinde unter den Gutmenschen. Denn die Angst vor PC in diesen Kreisen kann sich nicht mehr auf den Kampf gegen den ungenauen Jargon der Friedensbewegung berufen, gegen den diese Leute die Sprachnorm eines mit altfränkisch-raren, ungebräuchlich gewordenen Adjektiven kokettierenden, manchmal ganz lustigen, oft sehr selbstgefällig schwadronierenden Gutdeutsch in Stellung gebracht haben. (Dessen Entstehungsbedingungen – gegen das Ey-Du-Deutsch der 70er Linken – sowohl seinem Erfinder Henscheid wie dessen unzähligen Epigonen längst abhanden gekommen sind. Statt dessen ist es zu einem leeren Gestus erstarrt, dessen sich ohne Mühen Stadtzeitschriften-Kolumnisten ebenso inflationär bedienen wie es Leuten wie Schwanitz widerstandslos zur Verfügung zu stehen scheint[34]. Und dessen Grundlage die ebenfalls ganz und gar unhistorisch gewordene Gewißheit ist, aus einem fehlerhaften, schlampigen Deutsch lasse sich ohne weiteres auf die gedanklichen und politischen Fehler der Sprecher schließen). Heute hat sich die Situation aber umgedreht. Heute sind die Gutdeutschen in der Lage, daß sie Angst haben müssen auf Ungenauigkeiten und jargonhafte Redundanzen hingewiesen zu werden. Sie befürchten daher eher die neue Sprachnorm, die PC zugeschrieben wird, als ein unklares Gelaber, sie haben nunmehr eher Angst vor Diskursverknappung und Laber-Entmannung.

Alte Kitschbrüder und -schwestern, interessiert verwechselt

Tatsächlich dienen beide Haltungen – Horror vor neuen Sprachnormen, Kampf für alte selbstgemachte Sprachnormen und das Ausgeben dieser zwei Fronten als eine – u. a. dazu, den ungebrochenen Universalismus alter linker Männer zu konservieren und in Erfüllung dieser Aufgabe auch diesen noch weiter von historischen Konkreta abzukoppeln, so daß mit ihm eben auch möglich wurde, das 70er/80er-Phänomen »Gutmensch« mit dem ganz anders gelagerten 90er Phänomen PC zu identifizieren. Ärgerlich ist an dieser, der vor allem von (ehemaligen) Linken betriebenen, sich wider bessere Einsicht auch als PC-Abwehr gerierenden Politik nicht nur, daß sie auf ein totes Schwein einprügelt und sich dabei auch siebzehn Jahre nach Gründung der »Titanic« immer noch enorm mutig und tabubrecherisch vorkommt, sondern vor allem die öffentlich erfolgreich betriebene Vermischung der alten Gutmenschen-Karikatur mit jedweden aktuellen als moralisch identifizierten, politischen Positionen. Ins alte Gutmenschen-Feindbild werden dann einerseits der zeitgenössische Feminismus, Migranten-Unterstützer, Asylreformgegnerinnen integriert, andererseits die neue *loony left* aus militanten Tierschützern, Wiglaf-Droste-Verfolgern und Anti-Speziezisten. Mithin alle, die über die Zuschreibungschiffre Moral dafür einstehen sollen, die Identität von alten Gutmenschen und aktuellen Theorie- und Politikformen als idiotische Gestalten jenseits vom unbedingten Primat der Sprachkritik und der Herrschaft des satirischen »Spaßtyrann« (Blumfeld) zu behaupten.

Eine Diskursformation wird intakt transferiert

Der »Gutmensch« ist also wie »PC« längst selber ein inhaltlich entleerter, aber diskurspolitisch effizienter Baustein geworden, ein wesentlicher Bestandteil innerhalb dessen, was Michel Pecheux[35] in Anlehnung an Foucault Diskursformation nannte und das innerhalb einer »ideologischen Formation« regelt, welche Bedeutungen diese zuläßt und welche nicht. Sie bestimmt Wertungen, die z.B. eindeutig die so benannte Person und alles, was mit ihr zusammenhängt, disqualifizieren, aber eignet sich deshalb so prima für Bedeutungsverschiebungen, weil sonst alles offen bleiben kann. Z. B., wen die verschiedenen vermeintlichen Opfer von PC, erst recht die traditionell Rechten – denn der Gutmensch blieb zunächst überwiegend der Gegner (ehemals) linker PC-Gegner und wird von rechts erst seit kurzem sporadisch eingesetzt –, eigentlich meinen, wenn sie sich im Zentralblatt der ganz besonders PC-Verfolgten, der »FAZ«, per Leserbrief aus dem Vorstandssessel, der C-4-Professur oder der Parteizentrale melden. Der Transfer der Gutmenschen- und dazugehörigen »Dummdeutsch«-Kritik, die Anfang der 80er von links kam und sich gegen Alternativ-Links und Sozialdemokratisch richtete – stark auch inspiriert von Gremlizas Karlkrausismus –, zu einer mit der Rechten und der Mitte, wie die FAZ sie versteht, problemlos kompatiblen Konsens-Haltung, läßt sich vergleichen mit anderen, von links gegen links Anfangs der 80er – zu Recht – lancierten kulturellen Korrekturen und Bewegungen (wie Punk). Deren Protagonisten hatten zuletzt oft keine Mühe, diesen linken Ursprung zu vergessen, nicht aber die stilistischen, humoristischen Techniken von damals, die sie nun von der anderen Seite aus einsetzen. Ebensooft war das nicht einmal nötig, weil die entsprechenden Positionen und Attitüden – Sprachkritik als Gesellschaftskritik, Anti-Moralismus – sich auch ohne Einheit der Identität der Protagonisten von der einen auf die andere Seite transferieren ließen. Ganz besonders geschmeidig von der »kritischen« Satire zu RTL plus, von der »Sondermann«-Seite in »Titanic« zu einem »Negerkuß«-Witz in der FAZ. Diese borgt sich so von der (ehemals) linken Sprachkritik eine gewisse Weltläufigkeit, und Henscheid, Henschel, Droste und Bittermann avancieren dann so auch zu den einzigen vielzitierten linken Anti-PC-Kronzeugen in Behrens/von Rimschas Anti-PC-Buch, das seine Stichworte ansonsten von »Focus«, »The Bell Curve«, Charlotte Höhn, Annemarie Schimmel, Schwilk und Zitelmann bezieht.

Abgründe

Dem »Titanic«-Zeichner Bernd Pfarr wird in seinem großen Zweitausendeins-Buch präventiv von einem Interviewer dieser Ball zugespielt: »Was ganz allein auf deine Kappe geht, ist deine rasende ›politische Unkorrektheit‹, so nennt man das heute wohl. Hemmungslos läßt du Neger auftreten und nennst sie auch noch so...« Er nennt den Neger beim korrekten Namen, tut also das einzig Vernünftige, wo doch »alle Welt, mal abgesehen von Eckhard Henscheid, ...«, der Mutige, es gäbe noch ein paar mehr zu nennen, die diese Todesverachtung zeigen, »sich den Kopf zerbricht, ob es sich da um Farbige, Schwarze oder Afro-Amerikaner handelt.« Darauf Pfarr: »›Politische Korrektheit‹ finde ich vollkommen verlogen. Wer glaubt, er verhalte sich politisch korrekt, verleugnet seine eigenen Abgründe.«[36] Tja, das wäre unverzeihlich, vor allem, wenn in diesen Abgründen so wertvolle Gemmen wie die korrekte Bezeichnung dunkelhäutiger Menschen schlummern. Diese Naturalisierung von Rassismus als das, was von Innen aus den Abgründen kommt und daher richtig sei, stellt dann die endgültige Versöhnung zwischen linksstämmigen Männer-Authentizismus – Primat der Selbstverwirklichung, die Sau rauslassen, auch wenn dies so eine öde Nummer wie Joe Cocker oder Opis Rassismen meint – und der rechtsstämmigen Agitation gegen die linke Gehirnpolizei, die uns unser Bestes verbieten will (im Zweifelsfall ebenfalls unseren Rassismus und Sexismus).

Weltläufigkeitskitsch gegen Emanzen

Am erfolgreichsten wurde dieser Anti-PC-Diskurs, der das Recht auf Naturwüchsigkeit gegen Gehirnpolizei aber nun vor allem als Männerrecht auf per Abgründe legitimierten satten Sexismus definiert, in Deutschland durch Dietrich Schwanitz' Roman »Der Campus«. Dieser nahm Motive aus der Rezeption der US-amerikanischen Anti-PC-Bewegung auf, z. B. indem er die Handlung auf dem Campus einer deutschen Universitätsstadt ansiedelte, der eher an US-amerikanische Campi erinnerte. Er verband sie mit deutschen Motiven, etwa indem er das Aufzwingen inhaltlicher Debatten schon als einen unhöflichen, übergreifenden Akt kritisierte und indem er den Feminismus in vielfacher, aber durchweg unsympathischer Gestalt zum Hauptfeind erklärte. Schließlich griff er auch die Anti-Gutmenschen-Polemik auf, indem er einen Ich-Erzähler als kultiviert-weltläufigen Herrenmenschen einführte, der sich mit einer Armada vor allem weiblicher und feministischer Studierender herumzuschlagen hat, denen schon jedes Mindestmaß an sprachlicher Kompetenz, natürlich Bildung und erst recht Originalität abgeht. Eine hysterische und platte Gesinnung erweist ihre Mängel wieder einmal durch schlampige und eleganzlose Sprache. Das schlug einerseits den Bogen von von Uthman zu Henscheid, von rechts nach kulturlinks, andererseits steht es beispielhaft für die Maskerade von Kastrationsangst als Jargonkritik. Und während die Behauptung, die Kritik spreche so häßlich uniform und hülsenhaft, was sie ja vor fünfzehn bis zwanzig Jahren tatsächlich getan hat, unermüdlich wiederholt wird, ist in diesem Altmännerzirkel eine Sprache und Ideologie entstanden, die es an Vag- und Hohlheit mit jeder spät-70er Selbsterfahrungsgruppe aufnehmen kann. Besonders schön doof auf den Punkt gebracht findet sich das etwa in diesen einleitenden Sätzen eines Grundsatzartikels gegen »gute Menschen«[37]: »Wenn Wörter zu Hülsen werden, hat sich der Zeitgeist in ihnen niedergelassen. Das einfache Anschlagen dieser Stichwörter genügt, um jemandem Bescheid zu geben. Ihr hohles Dröhnen kündet von der Schwere der Probleme, die damit angesprochen werden. Die Bedrohung der Natur, der Hunger in der Dritten Welt...« Schon richtig beschrieben, Eberhard Rathgeb/Thomas Steinfeld, nur dröhnt freilich nichts dieser Tage und schon eine Weile länger so hohl wie Ekel vor »Zeitgeist« und »Worthülsen«, den Lieblingsfeinden jedes Bildungsbürgerbewerbers. Mit bedrohter Natur und Dritte Welt kann man dagegen nicht mal mehr die sprichwörtlichsten evangelischen Pfarrer hinter ihrem Gemeindehausofen hervorlocken, auch die wissen längst, daß gute Menschen und ihre Worthülsen ein bedeutend bedrohlicheres Potential darstellen.[38]

Zurück zu Handwerk und Handelfmeter

Die Identifizierung des PC-Feindes als einer konkreten (gerne weiblichen) Person, die nicht richtig Deutsch spricht oder schreibt, fügte sich auch gut in die explizite Forderung nach einer Rückkehr zur Handwerklichkeit – etwa bei Schwanitz, Hughes und den Sprachkritikern: Schreiben können! – bei einer gleichzeitigen Konjunktur antimoderner Kunstauffassungen in weiten Teilen des deutschen Feuilletons ein. Auch hier sind verschiedene Antimoderne zu unterscheiden: die Anhänger »amerikanischer«, schneller, effizienter, »unterhaltsamer« Erzählformen, denen die ganze Moderne als eine Verschwörung avantgardistischer Intellektueller gegen die breiten Massen verdächtig erscheint. Diese Leute – Maxim Biller[39], Matthias Altenburg, Willi Winkler z. B. – argumentieren, zumindest meinen sie das, gerade nicht für einen hochkulturellen Standard. Den hält ja angeblich die verfluchte Avantgarde besetzt. Eher sprechen sie sich für den vielbeschworen schnörkellosen, amerikanischen Erzähler, den gut gemachten Kriminalroman, auch für einen gesunden Menschenverstand, einen Common sense, eine Naturwüchsigkeit und den echten Kerl aus – allerdings aus einer zumindest imaginierten oppositionellen Position heraus. Demgegenüber steht der Rückruf zum Handwerk, den FAZ-Literaturchef Schirrmacher alljährlich zur Buchmesse ergehen läßt. 1994 mußten in einer Sonderbeilage alle Ressortchefs und Spezialisten zu je einem Bereich der Kunst erklären, daß man Dilettanten und hochgemutete Nichtskönner nunmehr lange genug ertragen hätte und jetzt mit Fug und Recht eine Rückkehr zur Handwerklichkeit verlangen könnte. Schwanitz, Henscheid, Gross und Schirrmacher – so unterschiedlich sie politisch einzuordnen sind, so unterschiedlich auch ihr Niveau – argumentieren doch auf einer Linie mit dem »Time«-Kunstkritiker und PC-Gegner Robert Hughes, der seit Jahren in den USA die Scharlatanerie und Künstlichkeit der Avantgarden in SoHo und das PC-Problem »zusammendenkt«. Für ihn geht der Verfall eines kulturellen oder sprachlichen Standards in den Künsten, vor allem der

Bildenden und der Literatur, mit dem PC genannten Verfall der politischen Kultur einher: Ob sie dagegen nun darauf bestehen, den »Neger beim Namen zu nennen« oder mit dem Dilettantismus in der Literatur aufräumen wollen.

Es lohnt sich schon allein deswegen, den Kunstbegriff zu besetzen, weil ihn die andere Seite so stark macht.

Dabei richten sich ja tatsächlich auch viele neuere künstlerische Ansätze gegen die stillschweigend akzeptierten, nunmehr als politisch erkannten Voraussetzungen künstlerischer Arbeit, so wie sich politische, zumal repräsentationspolitische Ansätze zunehmend ästhetische Gedanken machen. In den aus den USA seit den 60er Jahren bekannten aktivistischen Kunstprozessen, die in Europa und in Deutschland seit Beginn der 90er häufiger anzutreffen sind, vermischen sich ästhetisch begründete Entscheidungen über bestimmte Darstellungsformen mit politischen und öffentlichkeits-strategischen Überlegungen. Unter verschiedenen intellektuell wie auch technologisch veränderten Bedingungen wird die konventionelle Arbeitsteilung zwischen den Künsten mehr und mehr geschleift. Im Zusammenhang dieser neuen hybriden Mischformen, in einer Situation, wo Pop-Videos ästhetische Innovationen liefern und High-Art-Museums-Shows Displays über demographische Daten, Techno-Musiker die Folkwang-Computer-Musik ablösen und Diskussionsveranstaltungen die soziale Rolle von Konzerten übernehmen, wird natürlich auch die Frage, was mit Repräsentations- und Symbolpolitik zu machen ist, neu ausgehandelt. Natürlich nicht ohne das Bewußtsein, daß es keine unpolitische Symbolproduktion gibt.

Anmerkungen

1. *Austritt aus der NATO – Interview mit Heinz Rudolf Kunze über Rundfunk-Quoten für deutschen Rock*, »Spiegel« 25/1996

2. Behrens/ von Rimscha, a.a.O.

3. In der FAZ vom 15.05.1996

4. Hughes, Kunstkritiker des »Time«-Magazins und Buchautor (*Nachrichten aus dem Jammertal – Wie sich die Amerikaner in »Political Correctness« verstrickt haben*, München 1994), folgt, wenn auch nicht von ganz rechts, dem klassischen Anti-PC-Doppelargument, einerseits »französische Theorie« – für ihn global alles von Baudrillard bis Dekonstruktion – als relativistischen Spinnkram und andererseits angebliche PC-Rigidität als derselben Verirrung entsprungen paradoxerweise zu bekämpfen: als SoHo-Beobachter rechnet er die zeitgenössische Avantgarde-Kunst gleich mit zum selben Wahn, dem die postmoderne Theorie entsprungen ist. Hughes inszeniert sich dabei immer als weltläufiger Grandseigneur, wenn es gegen die Rigidität von PC geht; als »rigiden, genauen Denker« wenn er von einem schlecht übersetzten Baudrillard auf die prinzipielle Lächerlichkeit der Franzmänner schließt. Schwanitz übernimmt genau diesen paradoxen Doppelgestus, der die habituelle Mischung aus altmännerhaftem Nichtmehrmitkommen, Kastrationsangst und Provinzialität, einigermaßen erfolgreich als common-sensistische Männlichkeit inszeniert: Dietrich Schwanitz, *Der Campus*, Frankfurt 1995

5. William Safire hat jedes Wochenende eine sprachkritische Kolumne im Magazin der »New York Times«, die haargenau so normativ mit alltagssprachlichen Entwicklungen umgeht, wie es PC angeblich auf den Campi dieser Welt tut. Safire tritt andererseits natürlich als Gegner der PC-Sprachregelungen auf, weil sie seinem liebgewordenen Modell von Sprache als naturwüchsig in die Quere kommen. Diese Mischung strukturiert auch das Denken des »Zeit«-Wissenschaftsjournalisten – auch er beschwerte sich einst in einem Leserbrief an den »Spiegel«, daß die PC die Komplexität der biologischen Rassendefinition illiberal einschränkte – und Sprachkritikers Dieter E. Zimmer: Einerseits wird soviel Mißbrauch mit unserer normativ gedachten Sprache getrieben,

andererseits ist nichts so schlimm, wie die Normierungsbedrohung durch PC. Vgl. Dieter E. Zimmer, *PC oder: Da gehört die Gemütlichkeit auf*, in »Die Zeit«, 22.10.1993

6. in »Der Spiegel«, 26.10.1986

7. Johann Georg Reißmüller, *Was sich da alles selbst verwirklicht*, FAZ, 30.3.1993

8. Das Buch mag andere Schwächen haben: die sind aber weniger Gegenstand der Empörung. Bezeichnend ist, daß die These vom »deutschen Antisemitismus« so allergisch bekämpft wird. Sie läßt als einzige Generalisierung keine Vergleichbarkeit zu wie Weltbürgerkrieg oder Europa-weit verbreiteter Antisemitismus. Das heißt gar nicht notwendig, daß sie, so wie bei Goldhagen dargestellt, hundertprozentig stimmen muß. Die Empörung gilt, anders wäre auch der publizistische Aufwand nicht zu erklären, aber nicht Goldhagen, sondern den Konsequenzen dieser These.

9. Immer wieder wurde Goldhagen als »emotionalisierter Betroffener« charakterisiert, der unmöglich »objektiv« urteilen könne. Man erfuhr mehr über seinen Vater, seine Familie und andere persönliche Details als über seine Thesen.

10. Was natürlich nicht heißt, daß die geplanten Denkmäler der reflektierenden Erinnerung zuträglich sind: Sie machen wie alle schlechte monumentale Kunst eher den Deckel zu und erklären zu für immer vergangen.

11. All diese Debatten finden im Feuilleton statt. Sie sind die beherrschenden kulturellen Ereignisse. Und diverse Strömungen der Bildenden Kunst, der Architektur und des Theaters eilen zu Hilfe: überall wird wieder definiert und untersucht, was deutsch sei. Von Georg Baselitz etwa, der sich beschwert, daß sein ostdeutscher Heimatort nicht mehr in der Mitte, sondern im Zentrum Deutschlands liege, und eine deutsche Substanz im heidnischen Erbe entdeckt (Interviews mit »Art Forum« und »Interview«). Aber auch von den wiedervereinigten Ostmalern – Mattheuer wirbt für die »Junge Freiheit« –, von Lüpertz und Kiefer sowieso werden unentwegt deutsche Motive gewälzt; von Syberberg natürlich gar nicht erst zu reden. Auf dem Theater sind Castorff, der selige Müller sowieso und das Gros der rebellischen Ost-Intelligenz mit

regionalen und nationalen Identitäten, durchaus auch aus unterschiedlichen Motiven, beschäftigt. Die sich aber alle prima andocken lassen an die von den »Historikern« vorbehandelten Diskurse und Debatten. Musiker wie Kunze melden sich freiwillig, und auch der deutsche Film steht nicht zurück. Bei Wim Wenders bürgt Heinz Rühmann als immer schon beschissen gewordenener »kleiner Mann« für unschuldige, unbeteiligte, deutsche Konntenichtanders-Istdochunserlieberopi-Kontinuität und wird von ganz oben, nämlich Nastassia Kinski als Engel, symbolisch von deutscher Schuld frei gesprochen bzw. frei geknutscht.

12. Nr. 21 vom 20.5.1996, S. 48–77

13. Basierend auf den Beantwortungen einer schriftlichen Prüfungsaufgabe für 28 Studierende des Studiengangs Visuelle Kommunikation (FH) im Jahre 1995 sowie auf Diskussionen mit verschiedenen Studierenden desselben Studiengangs und anderer Kunstfächer im Laufe des Jahres 1996.

14. Wer mehr über die Realität US-amerikanischer Außenpolitik erfahren will, lese eines der zahllosen Bücher Noam Chomskys zum Thema. Z. B. Noam Chomsky, *Wirtschaft und Gewalt – Vom Kolonialismus zur neuen Weltordnung*, Lüneburg 1993

15. Frantz Fanon, *Schwarze Haut, weiße Masken*, Frankfurt am Main 1985, S. 66 ff., S. 113–121

16. Aimé Césaire, *Über den Kolonialismus*, Berlin 1968 (Paris 1955) S. 11

17. Léon Poliakov, *Der arische Mythos – Zu den Quellen von Rassismus und Nationalismus*, Hamburg 1993

18. Der »unheilvolle Vorwurf der Kulturschande«, später ein wichtiger Bestandteil des Nazi-Antisemitismus, wurde »nach dem Kriege zum erstenmal gegen Schwarze, nicht gegen Juden erhoben.« Und zwar gegen marrokanische und senegalesische Angehörige der französischen Rheinarmee. George L. Mosse, *Die Geschichte des Rassismus in Europa*, Frankfurt/M. 1990, S. 211

19. Die These, daß Rasse und Klasse nicht einander vorgängige, sondern sich bedingende Kategorien seien, spielt auch in der zeitgenössischen afro-diasporischen Theorie eine Rolle und wird z. B. bei Paul Gilroy (*The Black Atlantic*, London/New York 1993)

überzeugend dargestellt. Gilroy plädiert auch für einen neuen Versuch, Gemeinsamkeiten, allerdings immer im Lichte nicht relativierbarer Unterschiede, zwischen Holocaust, Sklaverei und Kolonialismus zu erforschen: »It is important to emphasise that any correspondences that can be identified between the histories of blacks and jews take on a radically different significance after the Holocaust. I want to resist the idea that the Holocaust is merely another instance of genocide. (...) I do not want the recognition of that uniqueness to be an obstacle to better understanding of the complicity of rationality and ethnocidal terror (...) This can be done without lapsing into a relativising mode (...) There are a number of issues raised by literature on the Holocaust which have helped me to focus my own inquiries into the uncomfortable location of blacks within modernity. However, it seems appropriate to ask (...) why many blacks and Jews have been reluctant about initiating such a conversation. I want to argue that its absence weakens all our understanding of what modern racism is and undermines arguments for its constitutive power as a factor of social division in the modern world. The way that the history of scientific racism and eugenics in the Americas have been overlooked as a factor in the development of German racial science provides a striking example of this failure.« (Gilroy, a.a.O., S. 213)

20. Dabei ist De-, Post- und Antikolonialismus ja nicht als Kampf im Namen der Regierungen in den ehemaligen Kolonien definiert, sondern als Kampf eben gegen auch diese Regierungen, die eher als Symptome kolonialer und postkolonialer Ausbeutungsverhältnisse verstanden werden. Kulturalistische Relativierungen postkolonialer Terror-Regime haben nichts mit Antikolonialismus zu tun.

21. In aller Bescheidenheit einer kleinen Fußnote gegenüber einem universellen Thema: Der »europäische Universalismus«, wie ihn das 18. Jahrhundert hervorgebracht hat und er in der FAZ eine feststehende, meist positive Größe ist, ist freilich selbst in erster Linie und in seinen meisten Ausprägungen ein Essentialismus, der Universalien aus der besonderen Position höherer, geschichtlicherer oder anderweitig besonderer Subjekte sah, die sich *zu Univer-*

salien verhielten, diese definierten oder verkörperten. In seinen berühmten Gleichheitsgrundsätzen waren Exklusionen immer schon eingeschrieben. Das »All men are equal« der amerikanischen Unabhängigkeitserklärung hatte Indianer, Schwarze und Frauen ausdrücklich nicht gemeint (vgl. Imanuel Geiss, *Geschichte des Rassismus*, Frankfurt/M 1988, S. 35). Er ging nicht von einer philosophischen Universalität aus, sondern sah sich gezwungen, die neue Globalität der Moderne zu Europa und den jeweiligen Machtbereichen in Beziehung zu setzen. Dabei wurde der Mensch, seine universalen Rechte, Eigenschaften etc. immer in bezug auf konkrete Menschen beschrieben, die *den Menschen* verkörpern und andere, die obschon Menschen noch keine Menschen seien (und/oder auch nie welche werden würden). Der »wissenschaftliche Rassismus« des 19. Jhdt. ist ein Kind des aufgeklärten Universalismus, indem er unausgesetzt über »universelle«, nämlich wissenschaftliche Kriterien beweisen wollte, wie sehr und ob überhaupt bestimmte konkrete Menschen Menschen sind.

22. Wobei beide keine entwickelten »wissenschaftlichen« Rassismen hinterließen, wie man sie aus dem 19. Jahrhundert kennt. Bei Kant wird sogar die prinzipielle Gleichheit der Anlagen aller Rassen konstatiert (Immanuel Kant, *Bestimmungen des Begriffs der Menschenrasse*, in: *Schriften zur Anthropologie, Geschichtsphilosophie, Politik und Pädagogik 1*, Werkausgabe Bd. IX, Hrsg.: W. Weischedel, Frankfurt/M. 1977 [1964]). Erst im Bezug auf Geschichtsphilosophie und deren übergreifende (und universale) Gesetze – über den Nationalcharkter z. B. – werden, nun aber mit Nachdruck, prinzipielle Ungleichheiten festgestellt. Dabei trifft es die Nichteuropäer in unterschiedlichem Maße (auch unter den Europäern gibt es Hierarchien). Afrika und seine Bewohner gelten als durchweg hoffnungslos: Wie Peter Martin zeigt, ein ebenfalls erst neuzeitliches Phänomen im deutschen Verhältnis zu »Mohren«, die früher anders eingeschätzt wurden (Peter Martin, *Schwarze Teufel, edle Mohren*, Hamburg 1993). Kant schreibt in seinem Kapitel »Über den Nationalcharakter« in *Beobachtungen über das Gefühl des Schönen und Erhabenen* von 1764 (Kant,

a.a.O., *Vorkritische Schriften 2*, Werkausgabe Bd. II, S. 880): »Die Negers von Afrika haben von der Natur kein Gefühl, welches über das Läppische stiege. (...) (Unter) Hunderttausenden von Schwarzen, die aus ihren Ländern anderwärts verführt werden (...) (ist) nicht ein einziger jemals gefunden worden, der entweder in Kunst oder Wissenschaft, oder irgend einer andern rühmlichen Eigenschaft etwas Großes vorgestellt habe, obgleich unter den Weißen sich beständig welche aus dem niedrigsten Pöbel emporschwingen (...). So groß ist der Unterschied zwischen diesen zwei Menschengeschlechtern (...). Die unter ihnen weit ausgebreitete Religion der Fetische ist vielleicht eine Art von Götzendienst, welcher so tief ins Läppische sinkt, als es nur immer von der menschlichen Natur möglich zu sein scheint.« Noch sind es Menschen, dann aber, S. 883, spricht ein »Negerzimmermann« und »es ist auch, als wenn hierin so etwas wäre, was vielleicht verdiente in Überlegung gezogen zu werden, allein kurz um, dieser Kerl war von Kopf bis auf die Füße schwarz, ein deutlicher Beweis, daß das, was er sagte dumm war.« Hegel trennt einige nördliche »Kulturregionen« Afrikas ab und nimmt sich dann den »Neger« vor, mit dem er sehr kurzen Prozeß macht: »Aus allen diesen verschiedentlich angeführten Zügen geht hervor, daß es die Unbändigkeit ist, welche den Charakter der Neger bezeichnet. Dieser Zustand ist keiner Entwicklung und Bildung fähig, und wie wir sie heute sehen, so sind sie immer gewesen. Der einzige wesentliche Zusammenhang, den die Neger mit den Europäern gehabt haben und noch haben, ist der der Sklaverei. In dieser sehen die Neger nichts ihnen Unangemessenes (...) Die Sklaverei ist an und für sich Unrecht, denn das Wesen des Menschen ist die Freiheit, doch zu dieser muß er erst reif werden.« Und da hat der Neger keine Chance. »Wir verlassen hiermit Afrika, um späterhin seiner keine Erwähnung mehr zu tun. Denn es ist kein geschichtlicher Weltteil, er hat keine Bewegung und Entwicklung aufzuweisen, und was etwa in ihm, das heißt in seinem Norden geschehen ist, gehört der asiatischen und europäischen Welt zu.«(G.W.F. Hegel, *Vorlesungen über die Philosphie der Geschichte*, Werke 12, Redaktion Eva Moldenhauer, Karl Markus Michel, Frankfurt 1986, S. 120–129)

23. Tiziano Terzani, *Rächerin der Gequälten*, in: »Der Spiegel«, 17/1996, S. 164

24. Wahrscheinlich halten sich die Leute, die dunkelhäutige ModeratorInnen ausschließlich als Clowns oder HipHop-Zuständige einsetzen, auch noch für mutige Antirassisten. Der Gipfel dieses in letzter Zeit immer häufiger zu beobachtenden deutschen Minstrelism ist sicher die Werbung für den Orwo-Film: »Der Farbige«. Ein dunkelhäutiger, bunt angezogener Typ mit blonden Dreadlocks präsentiert einen Farbfilm, am Ende eine Offstimme: »Orwo – der Farbige.«

25. »Was meinen Sie mit Denkverboten?« – Charlotte Höhn: »Zum Beispiel, daß man sagt, daß die durchschnittliche Intelligenz der Afrikaner niedriger ist als die anderer. Selbst das Wort Rasse darf man ja nicht mehr in den Mund nehmen.« »tageszeitung«, 3.9.1994

26. Wolfgang Pohrts These, daß die Deutschen immer schon die »geliebt« haben, die sie erschlugen, gestützt auf Serbien-schwärmerische Jugendschriften des Serbenhassers Reißmüller und die Prince- und Michael-Jackson-Poster im Kinderzimmer einer der rassistischen Angreiferinnen von Hoyerswerda, ist seit 1992 durch zahlreiche Bestätigungen noch plausibler geworden. Wolfgang Pohrt, *Tödliche Liebschaften*, in: ders., *Das Jahr danach – ein Bericht über die Vorkriegszeit*, Berlin 1992, S. 282–291

27. Edward W. Said, *Orientalism*, New York und London 1978, S. 17–19, 99

28. Senghor bezieht sich auf Frobenius' in den 30er Jahren getroffene Unterscheidung von prinzipiell zwei Typen afrikanischer Völker, von denen er den einen mit Franzosen und Engländern, den anderen mit den Deutschen parallelisiert, letzterer ist der tiefere, mystischer veranlagte. Senghor nimmt diese Unterscheidung auf und investiert eine Menge, inklusive Auslegungen von Blutgruppen-Tests, in auch deren biologische Realiät. Schließlich entdeckt er dann entsprechende, den biologischen entsprechende kulturelle Parallelen in Reimformen und Metren zwischen bestimmten guten, mystischen afrikanischen Traditionen und deutschen. Vgl. Leo Frobenius, *Kulturgeschichte Afrikas*, Wuppertal 1993 (Zürich

1954); sowie Leopold Sédar Senghor, *Mein Bekenntnis*, Leipzig 1991

29. »Auch die Nazi-Propaganda hatte sich 1943/44 an die Adresse der Westmächte mit der Parole gewandt, mit den Verantwortlichen von Katyn dürfe es keinen Frieden geben. Glücklicherweise haben die den Lügnern ihre Wahrheit nicht geglaubt. Das beschönigt nicht die Wahrheit von Katyn, die Wahrheit von Srebrenica: Wer gegen eine imperialistische Aggression nichts zu mobilisieren hat als den eigenen Nationalismus, entfesselt eine fürchterliche Kraft, die alles vernichten kann – die realen, aber auch die mythisch-imaginären Feinde des bedrohten Kollektivs.« (Jürgen Elsässer, *Mladics Katyn*, in »Konkret« 12/95, S. 20 f.). Nein, das beschönigt nicht nur, das entschuldigt. Was sich wieder nur dadurch erklären, nicht entschuldigen läßt, daß man sich bei »Konkret« ebenfalls in letzter Zeit zusehends häufiger lieber mit »mythisch- imaginären« als mit realen Feinden auseinandersetzt.

30. Und zwar noch im November 1994.

31. Karsta Frank, *PC-Diskurs und neuer Antifeminismus in der BRD*, in: »Das Argument«, Nr. 213, Januar/Februar 1996, S. 25–38

32. Früh schön beschrieben etwa in Jörg Schröder & Uwe Nettelbeck, *COSMIC*, in: »Die Republik«, Nummer 55–60, Salzhausen 1982, S. 209: »... derselbe fanatische Blick, dieselbe leicht gebückte Gehetztheit, aber beides noch eine Drehung weiter, schon der volle Ernst des alternativen Lebens, die gute Sache persönlich, aber in einem Stadium, das keine normalen Umgangsformen mehr kennt, sondern nur noch die Ziele der Bewegung.«

33. Dieses Urteil gilt natürlich nicht für alle Formen und alle Beteiligten der Friedensbewegung, wohl aber das Gros ihrer populären Ausformungen.

34. Vgl. Kornelia Hausers Darstellung der sprachlichen Mittel Schwanitz' in: dieselbe, *PC auf dem Campus*, »Das Argument«, a.a.O., S. 53 f.

35. Vgl. Norman Fairclough, *Discourse and Social Change*, Cambridge 1993, S. 30– 35

36. Bernd Pfarr, *Gespräch mit Volker Reiche und Hans Traxler*, in: Bernd Pfarr, *Komische Bilder*, Frankfurt/M. 1996, S. 230

37. Eberhard Rathgeb/Thomas Steinfeld, *Der gute Mensch*, Merkur 9/10, 1992, S. 899. Bezeichnenderweise hieß die Nummer des Merkur »GegenModerne – Über Fundamentalismus, Multikulturalismus und moralische Korrektheit«: auch hier wieder die Doppelbedrohung, durch einerseits verrückte Mullahs in deren Homelands, andererseits die Auflösung unseres stabilen westlichen Gegenübers durch Relativierung unserer europäischen Grundsätze. Die Exekutive dieser begrifflichen Phalanx aus Rigidität und Relativismus ist dann die »moralische Korrektheit«, von der man vorher auch so noch nie gehört hat, deren Lokalisierung aber endgültig dazu angetan ist, der politischen gleichen Namens jedes Recht auf politische Einsprüche abzusprechen.
38. Ich will nicht ausschließen, daß es Bezirke unserer Republik gibt, in denen 1980 noch intakt ist und ein Anti-Moralismus noch was bringt. Der Trend in die entgegengesetzte Richtung ist allerdings ebenso lange schon unübersehbar. Auch würde dies solche anti-moralistischen Texte nicht retten: in ihrem Bereich sind sie reiner, unbedrohter Mainstream.
39. Biller gehört allerdings zu den ganz wenigen deutschen Autoren, die sich frühzeitig gegen Anti-PC gewandt haben.

IV. Dekonstruktion: PC-Voraussetzungen, -Vorläufer und Theorien

»Im politischen, ideologischen und philosophischen Kampf sind Wörter sowohl Waffen, Sprengstoff, Beruhigungsmittel und Gifte. Gelegentlich läßt sich der ganze Klassenkampf als Kampf für ein Wort und gegen ein anderes zusammenfassen.«
Louis Althusser[1]

Zu viel, zu schwierig und trotzdem beliebt wie nie: Theorie

Gegen die Rolle von Theorie bei Bewegungen und Erscheinungen, die PC zugerechnet werden, richteten sich nicht nur die Attacken des akademischen Establishments, wie wir sie am US-amerikanischen Beispiel gesehen haben oder die aus der allgemeinen Stimmung gegen Geisteswissenschaften hervorgegangen sind, sondern auch ein Exklusivitäts- und Konkurrenzvorwurf aus dem Inneren des PC zugerechneten sozialen Zusammenhangs. Zum einen wird ein solcher Vorwurf meist immer dann laut, wenn sich nicht die Menge an stillschweigend vorausgesetzter Theorie ändert, also tatsächlich irgendein Grund für ein Zuviel einträte, sondern wenn sich der Kanon des (hier: oppositionellen) Denkens ändert. Zum anderen richtet sich eine entscheidende Komponente des Theoritizismus-Vorwurfs immer gegen das sprichwörtlich Unpraktische/Weltfremde an Theorie, also auch gegen genau die so entscheidende Eigenschaft an Theorie, das auf einer anderen Ebene vorstellen und durchdenken zu können, was von (falscher) Wirklichkeit eben nicht gestützt wird. Das, was von außen PC genannt oder PC zugeschrieben worden ist – Feminismus, Antirassismus, neue Identitätspolitiken und neue Selbstreflexivität –, wäre in Amerika nicht so erfolgreich gewesen, zumindest in der Kunst-Szene und auf den Campi, wenn es diese andere Ebene nicht gegeben hätte. Das überaus »praktische« Verhältnis vieler AmerikanerInnen zur Theorie bestand somit gerade nicht darin, diese blind »praktisch« anwenden zu wollen, sondern in der Praxis von Theorie selbst, im Betreiben von Theorie als Möglichkeit, die Bedingungen von politischen und sozialen Formationen auf einer anderen Ebene überhaupt erst in Frage stellen zu können, jenseits einer immer schon verwickelten öffentlichen Anwendungstheorie.

Öffentliche und organische Intellektuelle

Dies schien der in den US wichtigen Tradition des öffentlichen Intellektuellen, der ständig politische Theorie in Praxis zu überführen hatte, zu widersprechen. Doch gerade das Einziehen von unterschiedlichen Ebenen zwischen Theorie und Praxis ermöglichte die begrenzte praktische Intervention, die nun nicht mehr einem großen Ganzen verpflichtet war. Und einige der lange Zeit als weltferne Hypertheoretiker gescholtenen Denker – vor allem Afroamerikaner wie Henry Louis Gates jr. oder Houston A. Baker – brachten es so zum öffentlichen Intellektuellen neuen Typus. Dekonstruktivistische LiteraturwissenschaftlerInnen wurden zu gefragten journalistischen EssayistInnen. Nach einiger Zeit gingen gerade die erwähnten Denker dann allerdings ganz in der öffentlichen Rolle auf und näherten sich wieder dem alten public intellectual an, jenem Ideal des umfassend gebildeten, für alles zuständigen, superverständlich schreibenden, öffentlichen Autors. Gates z. B., der seine gleichzeitig dekonstruktivistisch und identitätspolitischen Forschungen zu Geschichte und Gegenwart afroamerikanischer Literatur zugunsten populärer Schilderungen der freundlicheren

Seite des segregierten Aufwachsens[2] zurückstellte, schien sich mehr und mehr an den nur noch an der Hautfarbe hängenden Zuschreibungen von »Zuständigkeit« zu orientieren. Seine von »Newsweek« bis »New Yorker« zu allen Afroamerikaner betreffenden Fragen, von der L.-A.-Rebellion bis zu Gospels und Spirituals immer wieder gefragte Stimme ersetzte schließlich alle »intellektuelle« Komponenten seiner Interventionen durch diese problematische Chiffre der »Zuständigkeit«. Schließlich war er damit am Ende näher am entgegengesetzten Konzept des »organischen Intellektuellen«, der durch Verbindung zu einer speziellen Community ausgewiesen war, nicht durch allgemeine Öffentlichkeit. Seine besondere, spezifische Intellektualität – und damit die besondere Rolle der Theorie – blieb in diesem Falle nach einer Zeit erfolgreichen Agierens auf verschiedenen Ebenen auf der Strecke. Auf der anderen Seite war aber dieses Konzept des »organischen Intellektuellen« bei Gramsci eines, das sich auf die in der Tradition des philosophischen Pragmatismus und die Gruppe der sogenannten New York Intellectuals[3] stehende US-spezifische Figur der »public intellectuals« beziehen ließ. War nämlich der »public intellectual« eine Figur, die – auch politisch und von links so gefordert – einer Öffentlichkeit jenseits von Academia verpflichtet, und damit auch so dubiosen Standards wie »Verständlichkeit«, journalistischen und publizistischen Regeln und Effizienz-Kriterien, so konnte der »organische Intellektuelle«, statt von solchen Kommunikationsformen auszugehen, die Diskurse regeln, kanalisieren, beschneiden und zensieren, von einer gewachsenen Sprache eines Kollektivs, eines Ortes, einer Region, einer Klasse ausgehen, die schon vom Denkstil her den offiziellen Ton anzweifelte, sich aber durchaus mit den ebenfalls marginalisierten DenkerInnen aus Academia verbünden konnte.[4] James Bernard etwa, ehemaliger Chefredakteur der HipHop-Zeitschrift »The Source«, bezog diesen Begriff auf den Rapper Ice Cube.

Essen Sprache Wirklichkeit?

Welche Verbindungen haben Worte zu Taten? Wenn Symbolpolitik bis hin zum populären Image von Sprachregelungen, Speech Codes und Leselisten im Zentrum von PC stehen, müßte das die entscheidende Frage sein. »Wie ist in den abendländischen Gesellschaften die Produktion von Diskursen, die (...) mit einen Wahrheitswert geladen sind, an die unterschiedlichen Machtmechanismen und -institutionen gebunden?«[5] Diese Grundsatzfrage Foucaults bringt/brachte neu und produktiver ins Spiel, was eigentlich auf unterschiedliche Art seit den Sprachphilosophien der Moderne selbstverständlich sein müßte, daß Diskurse Politik nicht (nur) spiegeln, wiedergeben, repräsentieren, sondern Politik hervorbringen und von Politik hervorgebracht sind. Dieser und ähnlichen, vor allem der Foucaultschen und genereller »poststrukturalistisch« genannten Position zur Diskurspolitik ist auch von links[6] oft der Vorwurf gemacht worden, die äußere Realität zu übersehen oder gar zu bestreiten, vorgängige Determinanten wie Ökonomie, Staat, etc. auf »Sprache zu reduzieren«. Im besten Falle sei nämlich Diskurspolitik ein gutes Komplement zu anderweitig entstandener gelungener (wahlweise) Realpolitik oder Basisarbeit oder primärer Mobilisierung.[7] Aber es ist etwas anderes, wenn ich auf die Diskursivität aller möglichen sozialen, ökonomischen Bereiche bestehe, sozusagen darauf, daß Ökonomie und Politik pur nicht zu haben sind und das, was sie vermittelten, auch nicht einfach determinierte Ideologie ist, sondern überdeterminierte Beziehungen aller möglichen Bereiche, als wenn ich behaupten würde, es gäbe keine nichtsprachliche Seite politischer Debatten, Entscheidungen und sozialer Realität und damit auch von Bereichen der Effekte von Politik wie auch der Keime von Widerstand. Gerade mit der Logik gegenseitiger Überdeterminierung und ohne absolute Vorgängigkeiten kann ich unmöglich, wie aber immer wieder unterstellt, nun versuchen, im Gegenzug Sprache oder Diskurs als vorgängig zu behaupten. Es wäre auch ziemlich unmöglich, solches etwa mit Foucault zu versuchen. Und auch John R. Searles[8] aufwendiger Versuch, gegen PC nachzuweisen, daß es eine westliche Tradition und eine gute solche sei, erstens an die Realität der Außenwelt und zweitens an die Möglichkeit der Sprache zu glauben, sich auf diese zu beziehen, geht also ins Leere: weder Foucault noch Rorty und Derrida (die Searle nennt) sind Buddhisten.

Gramsci greift ein

Neben Foucault spielten aber auch andere theoretische Grundlagen eine Rolle für die Ausbildung eines neuen Verständnisses für die politische Dimension von Kunst, Sprache und Sprachregelungen. Zum einen waren das die verschiedenen Durchläufe neuerer Gramsci-Rezeption in nahezu allen politischen Lagern. Diese war neben der Figur des »organischen Intellektuellen« eng mit dem Begriff der »kulturellen Hegemonie« verbunden, der sich plötzlich auf allerlei scheinbare und echte Kulturkämpfe trefflich anwenden ließ: nicht nur in den Klassenkämpfen, sondern im Kampf um Definitionsmacht, Stichwortgeberfunktion und Vorherrschaft im kulturellen Feld entscheiden sich politische Auseinandersetzungen. Zum anderen war das die fast nur in den angloamerikanischen Ländern stattgefunden habende Begegnung von französischer Dekonstruktion mit anti-, de- und postkolonialistischen Diskursen, speziell bei dem »heiligen Trio«(Robert Young) Edward Said, Gayatri

Chakravorty Spivak und Homi Bhabha. So fehlt aus postkolonialer Perspektive Edward Said etwas beim ansonsten geschätzten Foucault, und er moniert dessen »seltsam passive und sterile Sicht nicht so sehr der Anwendung von Macht, aber der Gründe, wie und warum Macht erworben, ausgeübt und aufrecht erhalten wird.«[9] Was man bei Foucault vermisse, sei etwa Gramscis Geist beim Beschreiben von Hegemonien und historischen Blöcken, die trotz aller Faszination für die Beschreibung der Wirkungsweisen von Macht nicht aus den Augen verlieren, die Machtverhältnisse ändern zu wollen.[10] Zunächst in Verteidigung von Lenin gegen die an ihn und die Bolschewiki gerichteten Vorwürfe, bei der russischen Revolution die Unter-Entwicklung der ökonomischen Basis und damit ihr Ungeeignetsein für eine revolutionäre Situation übersehen zu haben, entwickelt Antonio Gramsci eine Konzeption von Machtverhältnissen, die sich genereller gegen Basis-Überbau-Reduktionismen wendet: Nicht die ökonomische Basis bestimmt »direkt die politische Aktion (...), sondern die Interpretation, die man sich von dieser macht, und von den sogenannten Gesetzen, die die Entwicklungen lenken. Diese Gesetze haben nichts gemein mit den Naturgesetzen, obwohl auch diese in Wirklichkeit keine objektiv gegebenen Daten sind, sondern nur Konstruktionen unseres Denkens, nützliche Schemata, brauchbar für die Bequemlichkeit von Studium und Lehre.«[11] Hier finden sich schon Momente von Gramscis Denken, die in den geläufigen PC-Ideen wichtig wurden und so klingen, als wären sie für politische Arbeit unter Massenmedienbedingungen geschrieben: nicht die wirtschaftlichen Entwicklungen an sich, sondern deren Interpretation (was kein blanker Idealismus ist, weil eine solche Interpretation natürlich nicht beliebig ist) sind politisch entscheidend, und nicht einmal die Naturgesetze sind objektiv, sondern »Konstruktionen« und damit eben nicht nur einem naturwissenschaftlichen, sondern auch einem gesellschaftlich-kulturellen Zugriff ausgesetzt und entsprechend kritisierbar. Gerade die Karriere, die der Begriff der »Konstruktion«, wenn auch nicht auf Gramsci zurückgeführt, aber oft ähnlich angewendet, gemacht hat, zwingt dazu, noch einmal klarzustellen, daß diese nicht beliebig und voluntaristisch gedacht ist, sondern als von gesellschaftlichen Kräften ausgehandelt und erkämpft. Nicht jede/r kann sich und seine Lage konstruieren, wie er/sie will, aber die vorhandenen Verhältnisse sind ebensowenig deterministisch aus vorgängigen ökonomisch-materiellen Prämissen einfach ableitbar, sie sind konstruiert, und zwar zu einem nicht unerheblichen Teil auf dem Feld der Kultur, der Diskurse oder, wie Gramsci sagt, der »Interpretation«. Auf Gramsci beruft sich aber auch derjenige Cultural-Studies-Ansatz, der auf eine Vermittlung zwischen den »kohärenten Theorien« der Akademiker und dem »episodischen«, aber keinesfalls unmotivierten, ausschließlich falschen und/oder manipulierten Wissen der Beherrschten sich bezieht und mit etwa Michel DeCerteau[12] deren Kunst des Handelns und deren Taktiken gegen die Strategien der Herrschenden untersucht. Populärkultur war für Gramsci wie für seinen Leser Stuart Hall[13] ein Terrain, auf dem mindestens ein Aspekt von Hegemonie entschieden wurde. Sein Modell verlangt aber von den Intellektuellen nicht einfach, die Öffentlichkeit anzusingen, wie Russel Jacoby und seine Version des pragmatistischen Modells des Public Intellectual, sondern den Spezifika des populären Common sense Rechnung zu tragen. Was diesen Ansatz so attraktiv macht für diejenigen, die mit Gegenkulturen, Minderheiten und anderen spezifisch und nicht nur vom Kapitalismus schlechthin Unterdrückten Politik machen wollen: also PC in einem der denkbar besten Sinne des Wortes.

Keine politische Theorie und doch immens politisch produktiv: Dekonstruktion

Der Begriff der Konstruktion spielt auch eine entscheidende Rolle in der amerikanischen Rezeption der Dekonstruktion.[14] Anders als im Derridaschen Original, das auf Heideggers »Destruktion der Metaphysik« bezogen war, gab es in den vielfältigen amerikanischen Anwendungen außerhalb einer rein philosophischen oder literaturtheoretischen Lektüre vielerlei Vorstellungen, die Dekonstruktion könne die je spezifische Antwort auf gesellschaftliche Konstruktionen (von z. B. Geschlechterrollen und andere »Stereotype«) darstellen, bzw. die praktische Antwort auf die Erkenntnis von der sozial-kulturellen Konstruiertheit des ehemals Naturwüchsigen (Rasse, Geschlecht etc.).[15] Diese naive, aber verständliche Hoffnung auf eine Reversibilität von Zuschreibungsprozessen durch eine Dekonstruktion genannte, aber durchaus noch unklare und für Definitionen offene Politik gründete sich u. a. darauf, daß diese eben keine universelle Methode sein sollte, die »ohne Rücksicht auf die idiomatischen Bezüge in anderen Zusammenhängen wiederholbar« (Derrida) sei, sondern, anders als die universalistische Bürgerrechtsbewegung, auf die spezifischen Probleme von Zuschreibungen, Mehrfachcodierungen, Überdeterminierungen in US-amerikanischen Minderheiten- und Identitätspolitiken eingehen könne. Abwechselnd und gleichzeitig von Derrida, Paul de Man und diversen postkolonialistischen und feministischen TheoretikerInnen abgeleitet, bündelten sich im US-amerikanischen Dekonstruktionsbegriff während der 80er Jahre verschiedene, für die Entwicklung der später von der Presse unter PC zusammengefaßten Vorstellungen notwendige Vorbedingungen. Die Dekonstruktion, die in den USA zuerst vor allem als rein literaturwissenschaftliche Erneuerung auf den vom »New Criticism« bereiteten Boden fiel und sich am Umgang mit Konzepten wie Einfluß, Autorschaft, Originalität, Fiktion, Figur, Narrativ, Handschrift etc. erprobte, erlaubte es ihren AnhängerInnen zufolge, auch im wirklichen (oder politischen) Leben Konzepte, Identitäten, Zuschreibungen und Zwangsverhältnisse zumindest in der Beschreibung und Symbolisierung zu dekonstruieren. Diese praktische Seite war aber – wie auch hier und da bald klar wurde – nicht in einer Anwendung oder Umsetzung der Theorie zu suchen. Im Gegenteil, gerade dadurch, daß sich die Dekonstruktion als eine eben nicht pragmatische Denk- und Theoriegeste versteht, kann sie zu Unterscheidungen zwischen antiessentialistischer Theorie und der Notwendigkeit von Essentialismen in praktischer Politik eine Menge beitragen. Gayatri Chakravorty Spivak sagt etwa, »Dekonstruktion ist nicht die Offenlegung von Irrtümern, sondern eine Wachsamkeit angesichts der Tatsache, daß wir ständig genötigt werden, Wahrheiten zu produzieren«[16]. In der praktischen Politik aber könne man »nicht nicht Essentialist sein, und warum können wir also nicht ansehen, auf welche Weisen man ein Essentialist ist (...) und dann Politik im alten Sinne machen, allerdings wohlinformiert über deren Gefahren? Das gibt uns die Dekonstruktion: eine Klarheit darüber, daß das, was wir tun müssen und vorsichtig tun müssen, auf lange Sicht natürlich nicht in Ordnung ist. Aber das ist nicht und kann auch nicht eine politische Theorie sein. Also ist es für mich auch kein Dilemma, sondern wenn es eines ist, dann eines, das einem eine Lösung gibt.«[17] Die Dekonstruktion legte die spezifischen, historischen Voraussetzungen absoluter Größen frei und wies ihnen die besondere Perspektive zu, aus der sie entstanden waren, ebenso wie DekonstruktivistInnen, oft bis zum reinen, selbstreinigenden Selbstzweck übrigens, selbst immer seine/ihre eigene Persepektive thematisierten. Sie galt so als Hoffnung, als »gesellschaftliche Konstruktion« erkannte, ja als »Text« gelesene, kulturelle

Prägungen, Rollen und Zuschreibungen und andere Zumutungen von Sexismus, Patriarchat, Rassismus und Phallogozentrismus in ihrem symbolischen Bestand aufzulösen, ohne jedoch aus dieser Auflösung eine andere oder bessere »Wahrheit« ableiten zu können. Statt dessen erlaubt ihre Unterscheidung von Orten und Ebenen, Perspektiven und unausgesprochenen Voraussetzungen eben auch ohne unmittelbare Anwendung oder überhaupt Anwesenheit dekonstruktiver Figuren ganz einfache und massive politische Aktionen und Forderungen zu denken, denen man sonst immer vorgehalten hat, zu partiell und partikular zu sein.

Eine politisch-dekonstruktive Kontroverse: Derrida und das Wort »Apartheid«

Vor dieser »Anwendung« des im Original nicht gerade pragmatischen Projekts Jacques Derridas stand die Lektüre und Übertragung seiner Methode durch anti- und postkolonialistische Intellektuelle wie die erwähnte Gayatri Chakravorty Spivak[18], die Anwendung dekonstruktiver Lektüre unter den spezifischen Fragestellungen einer gegen Eurozentrismus und Patriarchat, aber auch Kapitalismus gerichteten Lektüre. Erst später schaltet sich Derrida selber in die Politisierung der Dekonstruktion selber ein und äußert sich zunächst zum Apartheidsystem in einem Katalog zum südafrikanischen Rassismus, der im Jahre 1983[19] erscheint. Anne McClintock und Rob Nixon sind befremdet darüber, wie Derrida hier Dekonstruktion tatsächlich politisch anwendet und das Wort »Apartheid« für die von ihm gemeinten Zustände verantwortlich macht[20]. So könne man nicht vorgehen, wenn man Handlungen »beyond the text« anpeile. Derrida entgegnet, daß die Verbindung historischer Formationen mit Schlüsselbegriffen entscheidend für deren politische Substanz sei, und daß es Verbindungen und

Nichtverbindungen zwischen Wort, Begriff und Realität gäbe, die man zwar unterscheiden und auseinanderhalten müsse, die aber gemeinsam eine historische Realität bilden. Gerade McClintock/Nixons Gegenargument, daß das offizielle Südafrika das Wort »Apartheid« seit den 50ern zugunsten von Euphemismen wie »separate development« fallengelassen habe, bestätige ihn darin, daß das Verschwinden des Wortes nicht zum Verschwinden des Begriffs geführt hätte. Und um den zu diskutieren und sein Ende herbeizuführen, brauche man wieder das Wort.[21] April 1986, im Postskriptum zur Antwort an McClintock/Nixon spricht er euphorisch von Campus-Demos und anderen politischen Aktionen gegen Apartheid als »amerikanisches Phänomen«. Derrida ist mit den Anfängen dessen, was fünf Jahre später PC heißen würde, zufrieden. In einem Interview mit Michael Sprinker erklärt er ausdrücklich, daß »die Dekonstruktion, sogar politisch, den herrschenden Diskurs der akademischen Institutionen sehr viel mehr beeinflußt und stört als die ruhige Einschreibung marxistischer Lehren oder marxistischer Lektüren.«[22] Zumindest für Campus-Politik hielt ihr Erfinder die Dekonstruktion begrenzt einsetzbar, um natürlich nur Zeilen später noch mal darauf hinzuweisen, daß sie keine Methode, Technik etc. sei, die man anwende, aber irgendwie doch...

Mit dem Semikolon gegen Segregation?

Glücksfälle wie der politisierende Einfluß, den eine – wie sie sich selbst nennt – »feministische, dekonstruktivistische Marxistin«, nämlich Spivak, als Übersetzerin auf die Derrida-Rezeption für den angloamerikanischen Sprachraum genommen hat, verstärken die generelle Betonung des Subversiven an der Dekonstruktion in der US-amerikanischen Rezeption. Spivak nennt diese drei Orientierungen nicht als jeweils durch die andere Orientierung als Attribut geprägte Spielart der ersten, sondern auch, um sie auseinanderzuhalten, »um ihre Diskontinuitäten zu schützen«[23]. Spivak übernimmt einerseits von Gramsci, andererseits von der Gruppe um die Zeitschrift »Subaltern Studies« den Begriff des Subalternen als eine untergeordnete, aber auch partikulare und marginale Figur, die sich keinem universalen Klassenbewußtsein fügen kann und für die Vielfalt und Vielgestalt unterdrückter Gruppen steht. Darüber hinaus ist subalterne Geschichte, im Sinne der »Subaltern Studies«-Gruppe, die Chronik dessen, was die »Leute selbst, unabhängig von der Elite, beigetragen haben«[24], mit dem »Ziel, die hegemoniale Geschichtsschreibung zu verunsichern«[25]. Diesen doppelten Subalternitätsbegriff verknüpft Spivak mit dem ebenfalls doppelten Derridaschen Supplement[26] – einerseits Ergänzung, Bereicherung, andererseits unmerkliches Ersetzen und An-die-Stelle-Treten – für eine strukturale Beschreibung subversiver Potentiale des Randes, des Marginalen. Obwohl Spivak auch hier vor allzu direkter Anwendung warnt[27], ist der Erfolg der Dekonstruktion in politischen Szenen von solchen Manövern entscheidend geprägt. Dieser hat einerseits aber auch damit zu tun, daß die Rezeption der Dekonstruktion zuerst auf den Campi diverser US-Universitäten mit theoretisch noch gar nicht so unterfütterten Revolten gegen den westlichen Kanon zusammenfiel und durch diese strategische Gemengelage – gemeinsame konservative Feinde z. B. – zur theoretischen Legitimation wurde, zum anderen auch damit, daß der Gebrauch des Begriffs der Subversion bei Derrida selbst[28] in den USA unmittelbarer im politisch-strategischen Sinne gelesen wurde, weil das Verhältnis zum Kanon, zur Schrift, zu Europa ein viel prekäreres und umstritteneres ohnehin schon ist und ganz generell Theorien, die die literarische Tradition und ihre Konstitutionsregeln angreifen, sich auf ein viel kampfbereiteres Umfeld auf allen Seiten stützen können. Schließlich sind auch rechte Zuschreibungen auf die Dekonstruktion nicht unwesentlich. Derrida selbst hat solchen Anwendungen seiner Theorie zwar auch früher schon, aber nicht nur widersprochen: »Die Dekonstruktion ist also nicht einfach eine Methode der Lektüre von Texten im engen Sinne. Bei mir setzte die Dekonstruktion die Änderung der Begriffe Text und Schrift voraus. Was ich Text nenne, ist nicht einfach mehr das Buch in einer Bibliothek. Ich habe aus strategischen Gründen (...) den Begriff des Textes verallgemeinert und als Text ebenso eine Institution wie eine politische Situation (...) bezeichnet.«[29] Also einerseits ja!, wie Freunde und Feinde der Dekonstruktion es immer schon gewußt haben wollen: die Welt reduziert zum Text. Andererseits, nein: die Textualität einer politischen Situation behaupten heißt nicht ihre Politizität ausblenden, aber ihre textuelle Dimension angreifbar machen. Drittens, schließlich: eine Behauptung aus strategischen Gründen. Doch auch ohne Derridas Erlaubnis und den Einfluß von der Dekonstruktion zugeschlagenen Literaturwissenschaftlern wie Paul de Man und Harold Bloom war der Begriff bald in aller Munde, und genau wie PC häufiger als generelle Schmähung eines zersetzenden fremdländischen Einflusses auf wissenschaftliche Standards denn als positive Bezugnahme bei Versuchen politischer Korrekturen. Oft wird in der deutschen wie in der amerikanischen Rezeption Unverständnis geäußert, wieso eigentlich die gleichen DekonstruktivstInnen, die immer alles auflösen wollen, andererseits so strenge Sprachregelungen und Leselisten durchsetzen wollen. Hier können sich deren Gegner politische Subjekte eben nur als ganzheitliche, kohärente und konsonante Sinneinheiten vorstellen. Der Vorteil der oben genannten verstärkten Unterscheidbarkeit von Ebenen und Situation besteht aber gerade darin, ein und denselben Satz oder Artefakt in einem Kontext zu bekämpfen und im nächsten zu unterstützen.

Afrikaner dekonstruieren Europa

Ebensooft wird die Auflösung und Absetzung einziger europäischer Wahrheiten mit dem Einsetzen neuer Wahrheiten verwechselt. Der bekannte konservative Kolumnist George F. Will argumentiert etwa so: Erst wird die geschichtliche Wahrheit »dekonstruiert« und uns erzählt, sie sei nur ein Narrativ unter vielen, und dann heißt es plötzlich, die Afrikaner hätten die Philosophie erfunden.[30] Hier wird also von einem konservativen weiße Mittelklasse-Subjekt ein universeller Feind konstruiert, der nur seinen eigenen falschen Universalismus spiegelt und widerlegt: So wie für ihn Afrozentriker und Dekonstruktivisten zusammenarbeiten, kennt man die Denkfigur auch aus der europäischen, zumal der deutschen konservativen Publizistik: Postmoderne und Fundamentalismus sind Ausgeburten desselben Sündenfalls.[31] Natürlich glauben aber gerade die Afrozentriker nicht an die Dekonstruktion der Idee »historischer Wahrheit«, wenn sie diesen gegen die offizielle richten. Sie teilen allenfalls mit der Dekonstruktion den Gegner: eurozentrische, als interesse- und geschichtslose Wahrheit getarnte Ideologie. Dies mag zu Koalitionen und zu strategischen Bündnissen führen, die als solche auch vollkommen berechtigt sein können.

Partner Performativität

Ein anderer, eher versteckter theoretischer Partner von PC war in den engeren literaturtheoretischen und sprachphilosophischen Debatten regelmäßig der Antagonist der Dekonstruktion: die Sprechakttheorie von Searle und Austin.

Nicht so sehr wegen der berühmt gewordenen Debatte von Searle[32] und Derrida, die für Searles Reputation als antidekonstruktive »Stimme der Vernunft« bei konservativen PC-Gegnern nicht unwichtig war, sondern eher, weil die Austinsche Theorie der Performativität und Searles Begriff der Intentionalität einem in den USA ohnehin sehr starken Konsens entsprechen, der einerseits Sprache zugesteht, Handlung zu sein, und damit für die in den USA eben immer schon höher bewertete Politik von Sprachregelungen und Symbolpolitik steht.[33] In sprechakttheoretischer Vorstellung agiert aber andererseits das Subjekt dieser Sprachhandlung völlig unproblematisch und die »illokutionären Akte« leiten sich eher aus Eigenschaften der Sprache als aus solchen der Welt her. Dennoch ist es eben grundlegend für das Verständnis der Politiziät der Arenen von PC, daß Austin im Original-Titel seiner berühmten Abhandlung »How to Do Things with Words«[34] voraussetzt, daß Worte (und möglicherweise andere Symbole und daraus bestehende Artefakte) nicht zu Handlungen *führen*, wie z. B. in tausendundeiner Diskussion über gefährliches Fernsehen, Morde durch Videogucken und Jugendschutz angenommen, sondern selber Handlungen *sind*, was z. B. für die US-amerikanische Pornographie-Debatte und andere PC-Issues sehr wichtig wurde. Catherine MacKinnon vertritt in ihrem Buch »Nur Worte«[35] gleichzeitig die meiner Einschätzung nach produktive und die problematische Seite der Diskussionen. Einerseits macht sie die Position stark, die – quasi sprechakttheoretisch – in Worten, Texten, Beschriftungen etc., aber natürlich auch – und im Falle Pornographie erst recht – Bildern soziale Akte sieht, die nie nur Worte, also reine Repräsentation sind, sondern immer schon auch die soziale Sache selbst. In ihren Beispielen, also sexuelle Gewalt gegen Frauen oder Rassismus, dürfte das evident sein. Nur hängt sie dann andererseits der Theorie an, die den »Worten«, Texten und Bildern vorwirft, Handlungen *auszulösen* und zu motivieren. Der erste Gedanke hebt die Trennung von Wort und Tat auf und ermöglicht es, je kontextbezogen, diskursive Handlungen als Handlungen zu interpretieren und zu bewerten, ihre politische Dimension hervorzuheben und sie so diskutierbar zu machen. Im zweiten Teil werden Worte und Taten wieder zu einander beeinflussenden, sich gegenüberstehenden antagonistischen Einheiten und so die diskursiven Akte aus dem Kontext herausgelöst und auf die ohnehin fragwürdige These einer kausalen Wirkung auf ihr Publikum hin zugespitzt. Diese These ist darüber hinaus wirklich übertragbar auf und nutzbar für jede Zensur-Bemühung, nun wirklich egal, ob von links oder rechts, von feministischer oder klerikal-konservativer Seite, etwa im Moment in den USA für Robert Doles Kampagne gegen Gangsta-Rap. Diese geht nicht nur auch mit den problematischen Aspekten von Gangsta-Rap falsch um, sondern nutzt die bloße Behauptung von Kausalität zwischen Medienangeboten und sozialen Phänomenen als Argument in einem Kulturkampf von rechts, der als Kampf – speziell gegen Popmusik – ja auch schon in den 80er Jahren vorbereitet wurde.

Wörter sind erfolgreiche Handlungen in dem Maße, in dem gesellschaftliche Macht an ihr Aussprechen delegiert ist

Pierre Bourdieu, der Austin als wichtige Ergänzung zu Saussures »reiner« Sprachwissenschaft »toter Buchstaben« ohne soziale Dimension begreift[36], weist allerdings völlig zu Recht, weniger gegen Austin selbst als gegen dessen diverse Schüler, darauf hin, daß der symbolische Tausch sprachlicher Kommunikation nicht ohne gesellschaftliche Voraussetzungen zu erklären ist und nicht in der Sprache oder den

Wörtern zu finden ist, sondern wirksam wird als »delegierte Macht der Institutionen«[37]. Austin (und auch Habermas) machten denselben Fehler, in den Worten selbst die Ursprünge ihrer Wirkung zu suchen.[38] »Aussagen, die – wie Austin bemerkt – nicht nur ›einen Zustand beschreiben oder irgendeine Tatsache feststellen‹, sondern auch ›eine Handlung vollziehen‹ sollen, gibt es deswegen, weil die Macht der Wörter eben darauf beruht, daß sie nicht von irgend jemandem, der ein bloßer ›Träger‹ dieser Macht wäre, im eigenen Namen gesprochen werden: Der autorisierte Sprecher kann nur deshalb mit Worten auf andere Akteure und vermittels ihrer Arbeit auf die Dinge selber einwirken, weil in seinem Wort das symbolische Kapital konzentriert ist, das von der Gruppe akkumuliert wurde, die ihm Vollmacht gegeben hat.«[39] »Die symbolische Macht, die Macht, das Gegebene zu konstituieren, indem man es ausspricht, auf die Welt einzuwirken, indem man auf die Darstellung der Welt einwirkt, ist nicht als ›illokutionäre Macht‹ in den ›symbolischen Systemen‹ enthalten. Sie vollzieht sich vielmehr in einem bestimmten Verhältnis, das den Glauben an die Legitimität der Wörter und der Personen schafft, die sie aussprechen, und sie wirkt nur in dem Maße, wie die, die dieser Macht unterliegen, diejenigen anerkennen, die sie ausüben.«[40] Demzufolge müßte man den Kampf um Sprachregelungen in Institutionen auch deswegen als wichtiges Testgelände symbolischer Politik begreifen, weil es hier nicht darum geht, etwas anderes zu sagen, sondern um eine Verschiebung institutioneller Machtverhältnisse. Auch viel ridikülisierte Aspekte von PC bekommen eine andere Dimension, wenn man sich klarmacht, daß die neue Bezeichnung eben nicht als universeller neuer Ausdruck, sondern als ein an eine bestimmte Institution gebundener und in deren Namen gültiger Ausdruck durchzusetzen wäre. Die Institution beim Wort nehmen kann nicht heißen, ihr einen

»wilden«, »eigenen« Sprachgebrauch entgegenzusetzen, sondern die mit Macht ausgestatteten Signifikationsprozesse anzugreifen, indem man sie nachzeichnet, parodiert, analysiert oder – das wäre PC im guten Sinne – ihnen die Unfreiheit und Machtbezogenheit ihrer Rede nachzuweisen, bis deren Bekanntheit zu einem Faktor wird, an dem die Institution nicht vorbei kann. Die dadurch erfolgenden Transformationen stehen dann tatsächlich auch für wirklich veränderte Machtverhältnisse, sind nicht nur deren »Symbol«, auch wenn man sich über deren Reichweite und Dauer natürlich keine Illusionen zu machen braucht.

Kann nicht aus Konventionen springen

Auch Judith Butler, die in letzter Zeit vieldiskutierte, mit Foucault und der Dekonstruktion arbeitende Feministin, die, parallel zu PC, einen Teil ihrer Wirkung auch der meist reduktionistischen Lektüre ihrer Theorie als unmittelbare Handlungsanweisung oder politische Legitimierung bestimmter (gegen-)kultureller Praktiken – Spiel mit Identitäten, Auflösung sexueller Normen – verdankte, bezieht sich z. B. bei ihrer Verwendungsweise des Begriffs der Performativität – eine potentielle Schlüsselidee für das, was man PC nennt – auf dessen Ursprünge in der Sprechakttheorie von Austin, kennzeichnet ihren Gebrauch aber als durch die Dekonstruktion, Derridas »Limited Inc.« (seine Antwort auf Searle) und de Mans »Metalepsis«[41]-Begriff hindurchgegangen[42]. Die Performativität kommt am anderen Ende dann so aus dem Tunnel zurück: »Wenn Wörter zu Handlungen führen oder selbst eine Art von Handlung sind, dann nicht deshalb, weil sie die Absichts- oder Willenskraft eines Individuums widerspiegeln, sondern weil sie sich aus Konventionen herleiten und diese wieder in Szene setzen; Konventionen, die ihre Kraft durch *sedimentierte*

Wiederholbarkeit gewonnen haben. Die Kategorie der ›Intention‹, der Begriff des ›Täters‹ wird seinen Platz haben, aber dieser Platz wird nicht länger ›hinter‹ der Tat als die sie speisende Quelle sein.« Ein typisches Mißverständnis lag aber z. B. darin, nun zu glauben, es gäbe die Möglichkeit, qua Willenskraft, gute Laune oder richtige Einstellung aus diesen Konventionen herausspringen oder die anderswo als »gesellschaftliche Konstruktionen« beschriebenen Geschlechteridentitäten, deren historisches Gewordensein ja ihre prinzipielle Veränderbarkeit anzeigt, einfach durch *persönliches* anderes Verhalten auflösen zu können. So richtig die Kritik eines solchen Voluntarismus auch ist, so wichtig ist doch auch die Feststellung, daß eine theoretische Analyse der ideologischen Prozesse der Subjektkonstitution die Individuen nicht davor bewahrt, innnerhalb dieser Ideologie immer als Subjekte handeln (und sprechhandeln) zu müssen.

Michel Foucault und die Black Panther Party: Schwellen lokalisieren und überschreiten

Daß sich selbstermächtigende Handlungen aus theoretischer Sicht also immer auch einer imaginären Verkennung (von z. B. der Frage, daß eine solche Selbstermächtigung durch klassenspezifische Faktoren mitbedingt ist) verdanken und in dieser Hinsicht kritisiert werden können, heißt nicht, daß diese praktisch prinzipiell anders verlaufen können. Voraussetzung einer Position, die es für politisch notwendig, strategisch oder taktisch richtig hält, unmittelbar in Diskurse und Symbolproduktion einzugreifen, sie aus ihrer Unverbindlichkeit (und »Freiheit«) zu entlassen und sie mit »Verhalten« zu vergleichen oder darunter zu subsumieren, ist es aber auch, einen Begriff von der Unterscheidung zwischen diskursiv und nichtdiskursiv zu haben. Die Einsicht, daß Diskurse nicht einfach Widerspiegelungen, Repräsentationen oder anderweitig sekundäre Effekte sind, beinhaltet nicht, daß man nicht Diskursives und Nichtdiskursives unterscheiden kann: Da es schließlich um »ethische Schwellen, politische Schwellen« geht, müßte man »zeigen, wie Verbote, Ausschließungen, Begrenzungen, Freiheiten und Überschreitungen« mit einer bestimmten diskursiven Praxis verbunden sind, »mit nichtdiskursiven Milieus in Verbindung stehen und mehr oder weniger imstande sind, sich einer revolutionären Schwelle zu nähern.«[43] Dieses Sich-einer-Schwelle-Nähern ist ein Modell von Entwicklung, von einer politisch-taktischen Kunstfertigkeit. Eine entscheidende Grundlage dessen, was heute Political Correctness genannt wird, in einem produktiven Sinne wäre also eine gewisse Vertrautheit mit Übergängen, die binär organisierten Denksystemen so unzugänglich und prekär erscheinen, wie sie aber z. B. gerade in der Pop-Musik und den sie begleitenden Auseinandersetzungen an der Tagesordnung sind (was zum Teil die Attraktivität des Themas für mich erklärt). Wie es in Pop-Diskursen immer darum geht, zu beobachten, wie schon codiertes Material und diese Codierung tragende Kollektive ihre Beziehung plötzlich oder allmählich ändern oder entgegen Marktgesetzen und anderen bekannten, trivialen Determinanten sich stabilisieren, wie der Code unter sozialen Bedingungen geändert wird oder bestehen bleibt und sich plötzlich auf ein anderes Soziales bezieht und wie dies alles mal mehr oder weniger beabsichtigt von den verschiedensten Akteuren (Künstler, Fans, berufsmäßige Interpreten, Vertreter der Industrie, Akteure, die verschiedene Funktionen auf sich vereinigen) und anderen Determinanten (Markt, globales und lokales Kapital, je traditionelle und Mainstream-Kultur) betrieben wird, erinnert an Foucaults politisches Wissen[44], das »keiner zweiten Theoretisierung der Praxis« angehört, noch »Anwendung einer Theorie« ist, sondern sich von Anfang an »in das Feld der verschiedenen Praktiken« einschreibt. Das soll nicht heißen, daß es in der Pop-Welt foucauldianischer zugeht als anderswo, sondern daß dort die Anzahl der tradierten und institutionalisierten Urteile, Interpretationen und Abläufe geringer ist, so daß die Realität »foucauldianischer« Zustände auffälliger ist und die Akteure in diesem Feld, vor allem die, die aus politischen oder privaten, »moralischen« oder »karrieristischen« Gründen »intervenieren« wollen, oft schon von alleine sich entsprechend verhalten oder orientieren. PC wäre da die Übertragung solcher Strategie auf benachbarte Gebiete (Universität, Repräsentationspolitik, Identitätspolitik etc.), der Anschluß an ein Wissen, das in Momenten der US-Pop- und -Gegenkultur noch viel präsenter ist als in Deutschland und ja auch von Foucault nicht nur bei seinen US-Besuchen in den 70er und 80er Jahren gewürdigt worden ist. Sein Verhältnis gerade zur schwarzen Befreiungsbewegung spielte für seine politische Orientierung eine Rolle, die seine philosophisch oft seltsam parteilose Darstellung von Macht und Machtmechanismen und deren »Physik« über das bekannte Engagement für die Gefangenenbewegung hinaus in konkrete politische Praktiken überführt, die alles andere als parteilos waren. So soll laut seinem Vertrauten Daniel Defert[45] speziell das Schrifttum der Black Panther Party für ihn eine entscheidende Rolle gespielt haben, deren Politik im Dreieck zwischen Linksradikalismus, Identitätspolitik und Pop-Kultur viele PC-Motive zuerst aufbringt.[46]

Anmerkungen

1. Louis Althusser, *The Politics of Philosophy*, zitiert nach Fred Pfeil, *Postmodernism and Our Discontents*, in, ders., *Another Tale to Tell – Politics & Narrative in Postmodern Culture*, London/New York 1990, S. 132 (*deutsch vom Verf.*)

2. In seinen autobiographischen Notizen *Colored People*, New York 1994

3. Damit ist die aus der Redaktion des »Menorah-Journal« in den 20er Jahren in New York entstandene Gruppe zunächst eher zionistisch orientierter, später zwischen Trotzkismus und den verschiedenen Facetten des nicht Moskau-orientierten US-Marxismus oszillierender Intellektueller wie u. v. a. Philipp Rahv, Irving Howe, Tess Slesinger, Dwight MacDonald, aber auch der frühe Lionel Trilling und Hannah Arendt gemeint. Viele Mitglieder dieser Gruppen hatten mehr oder weniger direkt – philosophisch oder persönlich – mit John Dewey zu tun und einige mutierten während des Kalten Kriegs zu Rechten und später zu Reagan-Freunden (wie Midge Decter und Norman Podhoretz). Später wurde der Begriff der »New York Intellectuals« allgemeiner auf New Yorker Intellektuelle der 20er und 30er bezogen. Vgl. Alan M. Wald, *The New York Intellectuals – The Rise and Fall of the Anti-Stalinist Left*, Chapel Hill & London 1987

4. Der brillante, ehemals dezidiert linke Theoretiker Russel Jacoby hat in zwei einflußreichen Essay-Bänden – *The Last Intellectuals*, New York 1987 und *Dogmatic Wisdom*, New York 1994 – den Niedergang des »Public Intellectual« bedauert und das auch teilweise PC und dem, was er »Voodoo-Marxism« nennt, Althusserianer z. B., Multikulturalismus, Dekonstruktion und den anderen üblichen Verdächtigen vorgeworfen. Er hat allerdings nicht bemerkt, daß fast alle, denen er Elitismus, absichtlich unleserliche Prosa etc. vorwirft, sich mit Klassen- oder Identitätspolitik in irgendeiner Weise identifizieren, also einen politischen Anspruch, wenn auch nicht immer unbedingt unmittelbar mit ihrer akademischen Tätigkeit verbunden, aufrechterhalten. Dem setzt er einen Dialog mit *der* Öffentlichkeit oder der Gesellschaft gegenüber, der jeden Antagonismus, jeden Kampf ausschließt. Barry W. Sarchett sieht darin auch einen Generationskonflikt – zum linksliberalen Common-Sense konvertierter Altlinker vs. identitätspolitische, radikale Junglinke – und einen Versuch, die Konvertierung postkolonialen und dekonstruktiven kulturellen Kapitals zu erschweren (*Russel Jacoby, Antiprofessionalism and the Politics of Cultural Nostalgia*, in Williams, a.a.O.).

5. Michel Foucault, *Sexualität und Wahrheit*, Frankfurt/Main 1983, S. 8

6. Nur ein Beispiel: Gerhard Scheit, der sich für seinen Text in »Konkret«, 7/94, S. 48–51, *Yo! PoMo!* von einem satirischen PC-Handbuch erklären läßt, daß dieses PC was mit französischer Theorie zu tun hätte, um dann in Bausch und Bogen zu behaupten: »Den französischen Theorien (...) ist durchaus gemeinsam, daß sie die Welt analog zur Sprache auffassen. (...) Sie betreiben die Gesellschaftswissenschaften – Soziologie, Geschichte, Psychoanalyse, Ethnologie, Literaturwissenschaft – als Linguistik. (...) Das Basis-Überbau-Dilemma des Marxismus scheint beseitigt, wenn alle möglichen Verhältnisse als sprach-analoge Systeme begriffen werden.« Nun, dies heißt zunächst nur, daß über Modelle etwas beschreibbar wird, die Analogie behauptet ja nicht Identität oder Vorgängigkeit. Ebensowenig ist der Begriff »Dispositiv«, wie Scheit meint, ein linguistischer, noch gilt für alle, von Scheit dem wohlfeilen Sammelbegriff »strukturalistisch« zugeschlagene, französischen Autoren, daß sie sich nur für die synchronische Ebene von Epistemen interessieren und daher »Genese und Veränderung von Machtstrukturen« nicht denken könnten. PC-Politik, so sein Punkt, verkenne den Unterschied zwischen Aussprechen und Austragen. Genau das aber ist ihre große Stärke: das Aussprechen bei sich und dem Gegner so zu behandeln, als würde es meinen, was es sagt, und in diesem Insistieren auf die Konsequenz den Schritt vom Diskursiven zum Nichtdiskursiven zu machen. Dazu muß man allerdings die Reichweite des Diskursiven erst ermessen haben. Für ein Denken, das dem Symbol allenfalls Repräsentationsfunktion zuweist, ist aber nicht einmal eine Kritik der Repräsentation möglich.

7. Nicht nur sind, was immer jemand für primär hält und dessen sekundäre vermeintliche Spiegelung oder Repräsentation enger miteinander verbunden, als die Logik von Vorgängigkeiten zur Geltung bringen könnte, man muß kein Anhänger von Foucaults Modell von Macht sein, bei dem alle Beteiligten eines Machtverhältnisses auch für meinen Geschmack etwas zu quasiphysikalisch und zu gesetzmäßig miteinander verbunden und in Macht und Ge-

genmacht immer schon verwickelt sind, um anerkennen zu können, daß die alten, universellen Vorgängigkeitsmodelle (also etwa der Ökonomie, der Basis) nicht nur theoretisch problematisch und reduktionistisch sind, sondern darüber hinaus oft genug, im Namen von Seriösität und Nicht-Naivität, Praxis verhindert haben (»Erst muß geklärt sein, daß ..., bevor wir ...«), deren Effekte man zum Zeitpunkt des Verdikts noch gar nicht kennen konnte und die man darüber hinaus heute zuweilen naiv besser als gar nicht gebrauchen kann.

8. John R. Searle, *Postmodernism and the Western Rationalist Tradition*, in J.Arthur/A.Shapiro, a.a.O., S. 28–48

9. Edward Said, *The World, the Text, and the Critic*, Cambridge 1983, S. 221 (*deutsch vom Verf.*)

10. Said, a.a.O., S. 222

11. Antonio Gramsci, *Utopie* (1918), in: derselbe, *Zu Politik, Geschichte und Kultur*, Leipzig 1980, S. 15

12. Michel DeCerteau, *Die Kunst des Handelns*, Berlin 1986

13. Stuart Hall, *Antonio Gramscis Erneuerung des Marxismus und ihre Bedeutung für die Erforschung von «Rasse« und Ethnizität*, in: Stuart Hall, *Ausgewählte Schriften – Ideologie, Kultur, Medien, Neue Rechte, Rassismus* (herausgegeben von Nora Räthzel), Hamburg/Berlin 1989, S. 56–91

14. An anderer Stelle habe ich gezeigt, wie grundsätzlich anders (politischer) die Rezeption der Texte von Michel Foucault wie auch von Jacques Derrida in den USA im Vergleich zu Kontinentaleuropa, besonders Deutschland, verlaufen ist. Vgl.: Diedrich Diederichsen, *Freiheit macht arm*, Köln 1993, S. 117–157; bzw. derselbe, *Der Anarch, der Solitär und die Revolte*, in: Richard Faber, Hajo Funke, Gerhard Schoenberner (Hg.), *Rechtsextremismus – Ideologie und Gewalt*, Berlin 1995, S. 241–258

15. Man mache sich klar, daß noch in den 80ern außerhalb der Pop-Welt ein völlig ungebrochener, heterosexistisch und kulturdifferenzistischer Authentizismus von links gegen die »Entfremdung« durch Kulturindustrie hegemonial war: »Michael Jackson (...) ist wie kaum ein anderer ein perfekt konstruierter und montierter Mega-Star – ohne Rasse, Alter und Geschlecht« Aus: Hanna Brun-

höber, *Unterhaltungsmusik*, in: W. Benz (Hg.), *Geschichte der Bundesrepublik Deutschland*, Bd. 4, Kultur, Frankfurt/Main 1989, S. 191. Konstruktion ist böse kapitalistische Manipulation des Echten: Echt aber sind Rasse und Geschlecht.

16. Gayatri Chakravorty Spivak, *The Postcolonial Critic*, New York/London 1990, S. 46 (*deutsch vom Verf.*)

17. Spivak, a.a.O., S. 45 (*dt. vom Verf.*)

18. Spivak hat Derrida nicht nur übersetzt, sondern sich öfters zum prekären Verhältnis der Dekonstruktion zu praktischer feministischer und postkolonialistischer Politik geäußert.

19. *Le Dernier Mot du racisme* erscheint 1983 in einem Katalog der Ausstellung »Art Against/Contre Apartheid«, die in Paris im Herbst desselben Jahres eröffnet wird.

20. Anne Mc Clintock/Rob Nixon, *No Names Apart: The Separation of Word and History in Derrida's »Le Dernier Mot du racisme«*, in: »Critical Inquiry«, December 1984, Chicago

21. Jacques Derrida, *But beyond...(Open Letter to Anne McClintock and Rob Nixon),* April 1986, nachgedruckt – wie auch die anderen Teil der Debatte – in: Henry Louis Gates jr (Hg.), *»Race«, Writing, and Difference*, Chicago 1986

22. Jacques Derrida/ Michael Sprinker, *Politik und Freundschaft*, in: Böke/Müller/Reinfeldt (Hg.), *Denk-Prozesse nach Althusser*, Hamburg 1994, S. 146f.

23. Robert Young, *White Mythologies*, New York/London 1990, S. 157

24. Ranajit Guha, *On Some Aspects of the Historiography of Colonial India*, erschienen in der ersten Nummer der Zeitschrift »Subaltern Studies«, Delhi 1982, zitiert nach Young, a.a.O., S. 158

25. Gayatri Chakravorty Spivak, *In Other Worlds*, New York 1987, S. 198

26. »Das Supplement fügt sich hinzu, es ist ein Surplus; Fülle, die eine andere Fülle bereichert, die Überfülle der Präsenz. Es kumuliert und akkumuliert die Präsenz. Ebenso treten die Kunst, die *techne*, das Bild, die Repräsentation, die Konvention usw. als Supplement der Natur auf und werden durch jede dieser kumulierenden Funktionen bereichert (...) Aber das Supplement supplemen-

tiert. Es gesellt sich nur bei, um zu ersetzen. Es kommt hinzu oder setzt sich unmerklich *an-(die)-Stelle-von*; wenn es auffüllt, dann so, wie wenn man eine Leere füllt. Hinzufügend und stellvertretend ist das Supplement ein Adjunkt, eine untergeordnete, stellvertretende Instanz...« (Jacques Derrida, *Grammatologie*, Frankfurt/Main 1983 [1974], S. 250)

27. Und zwar bezugnehmend auf die elfte Feuerbach-These, Spivak, *Worlds*, a.a.O., S. 208

28. Etwa beim ersten Auftauchen der »Dekonstruktion« in der »Grammatologie«, a.a.O., S. 45

29. Florian Rötzer, *Französische Philosophen im Gespräch*, München 1986, S. 70 f.

30. Z. B. in: »Newsweek«, 19.2.1996, *Intellectual Segregation*: »Afrocentrism is another weed fertilized by the idea that there is no such thing as truth, only competing ›narratives‹.« Natürlich glaubt kein Afrozentrist das, sondern das Gegenteil: Es gibt eine Wahrheit, nur eben eine andere.

31. Ohne damit pauschal alle Afrozentrismen zu den Fundamentalismen schlagen zu wollen, bzw. die Möglichkeit offenlassend, daß ein strategischer Afrozentrismus eine legitime politische Option sein kann, ohne sich als strategisch zu erkennen geben zu müssen.

32. Searle entwickelte sich seitdem zu einem unermüdlichen Gegner von Dekonstruktion und Poststrukturalismus und deren Einfluß auf PC, wandte sich aber andererseits auch massiv gegen rechte Anti-PC-Eiferer wie Roger Kimball. Searle vertritt einen ungetrübten Universalismus, der alle antikolonialistischen Zweifel an sich abperlen läßt, aber andererseits vor lauter PC-Gegnerschaft nicht die linken Aspekte dieses Universalismus mit dem Bade ausschüttet; seine Verteidigung von Habermas als einen Linken, der den westlichen Konsens nicht anzweifle, gegen Derrida und Rorty, die dieses täten, markiert etwa seine Position.

33. Die PC-Fragestellung der Beziehung von Worten zu Taten fiel also auf den von amerikanischem Pragmatismus gut gedüngten Boden einer prinzipiellen Empfindlichkeit für die Dimension der Setzung, Regelung, Zu- und Festschreibung durch Sprache und

Sprechakte in den USA, wo auch Gesetzestexte viel selbstverständlicher gekannt werden und alltäglich in Debatten sind. Und ihre Umschreibung enger in Verbindung zu politischen Umwälzungen gesehen wird: Schließlich sind viele wichtige politische Erfolge der Bürgerrechtsbewegung und der neuen Linken – Gleichstellung von Schwarzen, Affirmative Action, Legalisierung von Abtreibung – in Grundsatz-Urteile übersetzte politische Forderungen, auf die man sich in der Diskussion unter dem Namen des Prozesses bezieht: »Roe vs. Wade«, »Brown vs. Board of Education« etc.

34. deutsch: John L. Austin, *Zur Theorie der Sprechakte*, Stuttgart 1979[2]

35. Catherine MacKinnon, *Nur Worte*, Frankfurt am Main 1994

36. Pierre Bourdieu/ Loïc J.D. Wacquant, *Reflexive Anthropologie*, Frankfurt am Main 1996, S. 175, 182

37. Bourdieu/Wacquant, a.a.O., S. 182

38. Pierre Bourdieu, *Was heißt Sprechen? Die Ökonomie des sprachlichen Tausches*, Wien 1990, S. 73

39. Bourdieu, a.a.O., S. 75

40. Bourdieu/Wacquant, a.a.O., S. 183

41. »Was hier Sprache genannt wird, ist das Medium, in dem das (...) Spiel von Verkehrungen und Substitutionen stattfindet. Dieses Medium oder diese Eigenart der Sprache stellt daher die Möglichkeiten der wechselweisen Substitution binärer Polaritäten wie Vor für Nach, Früh für Spät, Außen für Innen und Ursache für Wirkung bereit, und zwar ohne Rücksicht auf den Wahrheitswert dieser Strukturen. Doch genau so definiert Nietzsche auch die rhetorische Figur, das Paradigma der Sprache überhaupt. In der Vorlesung über Rhetorik wird die Metonymie als das charakterisiert, was in der rhetorischen Terminologie auch *Metalepsis* heißt, als ›Vertauschung von Ursache und Wirkung‹ und eines der Beispiele, die Nietzsche anführt, ist, bezeichnend genug, die Substitution von ›Zunge‹ für Sprache«. Paul de Man, *Allegorien des Lesens*, Frankfurt/Main 1988, S. 151 (*Herv. durch Verf.*)

42. Judith Butler, *Für ein sorgfältiges Lesen*, in Seyla Benhabib, Judith Butler et al., a.a.O., S. 123ff.

43. Gilles Deleuze, *Foucault*, Frankfurt am Main 1987, S. 34

44. Michel Foucault, *Archäologie des Wissens*, Frankfurt am Main 1973 (19904), S. 277 ff.

45. Vgl. Cornel West, *The American Evasion of Philosophy – A Genealogy of Pragmatism*, Madison, Wisconsin und London 1989, S. 270

46. Die Black Panther Party verband zum ersten Mal die alte Form der Identitätspolitik des Black Nationalism mit marxistischen und fanonistischen Motiven. Indem sie sich vom sogenannten »Cultural Nationalism« oder »Narrow Nationalism« distanzierte, überwand sie die Gefahren und Beschränkungen konventioneller Identitäts- und Symbolpolitik, in romantischen Afrozentrismen und Brauchtumsvereinen hängenzubleiben, ohne das produktive Moment einer Selbstermächtigung durch Herleitung einer Identität aus dem rassistischen Unterdrückungsmoment aufzugeben. Außerdem verfügte die BPP über eine exzellente Öffentlichkeitsarbeit, mit hohem Gespür für Pop-, Massen- und Medienpolitik. Dieser trotz aller Probleme und Fehler einmalige und vorbildliche Versuch wurde bezeichnenderweise vom FBI von einer Sondereinheit – CONINTELPRO – bekämpft – mit vielen Opfern von Fred Hampton bis George Jackson, deren Todesumstände ungeklärt blieben, und vielen unter dubiosen Umständen zu drakonischen Strafen verurteilten, die teilweise heute noch sitzen wie Geronimo Pratt. Oder zum Glück wenigstens noch am Leben sind wie Mumia Abu Jamal.

V. Subkulturen und PC-Praxis

»PC« is (...) a displaced attempt to control a leftist project in a postmodern multiplication of struggles, as well as in an intellectual environment where poststructuralist decenterings of the subject at times come close to a paralyzing dissolution of the »subjects of history«. While the notion of the revolution has been critiqued as a »totalization» that elides the contradictions of gender, race, and sexual orientation, the shift into a discourse of local resistances and multiple affiliations is ironically recentered through the PC »nudge«. The hyperbolized PC often visible in the popular culture debates is a partial symptom of the dissoloution of a grand-macro project – revolution – into micro-struggles that on the one hand foster energy-wasting battles over turf but on the other open up the potential for emancipatory coalitions.

Robert Stam/Ella Shohat[1]

»It's wrong. It's oh so wrong. But I want it (to be right).«

Rockers HiFi, »Going Under«[2]

Ihr sollt nicht so viel verbieten

Nachdem der Wohlfahrtsausschuß 1992 eine Veranstaltung der Kölner Uni und der Cinemathek, bei der Hans Jürgen Syberberg reden sollte (und auch geredet hat), u. a. mit Flugblättern bekämpft hatte, reagierten auch Freunde wie etwa Albert Oehlen und Rainald Goetz mit einer Gemeinschaftsarbeit, bei der über dem Titel »Neue Politik« der Satz stand: »Ihr sollt nicht soviel verbieten und euch dabei so toll vorkommen.« Der Verbots-, Gehirnpolizei- und Tugendterror-Vorwurf, der mit dem PC-Mythos seit seinen Anfangstagen eng verbunden ist, wurde nach einigen Jahren der Debatte und des Imports nun also auch von Leuten geäußert, denen man nicht einfach nur vorhalten konnte, sie würden der jeweiligen Kastrationsangst der herrschenden Männer neue Kleider weben. Vielmehr ging es nun öfters auch um »Verbote« innerhalb von gleichberechtigten oder gleich starken (Gegen-)Kulturszenen bzw. sogar um den Vorwurf, durch das Verbreiten von »politisch korrekten« Klarstellungen, Gewinne und Vorteile im kulturellen Konkurrenzkampf einstreichen zu wollen. Denn in gewissen (Gegen-) Szenen war nicht ganz von der Hand zu weisen, was im FAZ-/»Spiegel«-/Mainstream-Kontext so absurd war und ist: daß PC nämlich eine gewisse Attraktivität und Hipness hatte und so auch einen Einfluß, der am Ende gar auf Gehälter, Honorare und Lebensentscheidungen wirken würde. Ein Einfluß, der allerdings 1.) weit davon entfernt war, überhaupt nur Szene-intern die Probleme zu lösen, von denen PC angeblich handelt, etwa die Produktionsbedingungen von Kulturarbeiterinnen entscheidend zu verbessern oder überhaupt zu normalisieren; 2.) erst recht nicht transferfähig war: Im Gegensatz zu anderen Hip-Ideen war Szene-PC nie via »Tempo« und andere Scharniere und »Verräter« zur Yuppie- und Cybercafé-Folklore geworden. PC blieb auf einige Campi und noch wenigere Reservate von Counterculture beschränkt. Doch gerade das war ein Grund, daß Szene-intern der Vorwurf laut wurde, eine Akademiker- und Mittelschichtskinder-Bewegung würde gerade die nur in Pop-Kulturen zum Sprechen zugelassenen, anderweitig radikal ausgegrenzten, natürlich nie »korrekten« Stimmen der Marginalisierten und Prollkids mundtot machen.

Wir sind die, die unsere Eltern zum Kindergeburtstag eingeladen haben

Selbstverständlich hatte es solche nicht kontextbezogene Anwendungen von moralistischen Imperativen in unangebrachten Fällen gegeben, die dann auch tatsächlich nach dem Drehbuch kleinbürgerlichen Aufwachsens zu Distinktions- und Konkurrenzzwecken eingesetzt wurden. Wer in jeder Proll-Rock-Kultur nur noch potentielles Vergewaltigertum aus musikalischen Formen deduzieren wollte oder – wirklich bigott – HipHoppern aus den USA vorhielt, sie wollten doch nur Geld verdienen und beim Kapitalismus mitmachen, verfehlte alles Wesentliche, außer der Perpetuierung kleinbürgerlicher Gutheit. Auf der anderen Seite schützt sich aber männliche Dominanz und Hegemonie halt immer gern mit Traditions- und Naturwüchsigkeitsbehauptungen, die zu dekonstruieren Argumente und Mittel erfordert, die nun mal mindestens als »akademisch« verschrien sind, deshalb aber nicht weniger erforderlich bleiben. Zu fordern wäre allerdings, daß diese notwendige Arbeit nicht indifferent gegenüber Klassenverhältnissen bleibt und daß Leute, die sonst immer ihre Sprecherposition mitbedenken, auch Bedingungen von Faszination oder Ekel und ihre kulturell-klassenmäßige Prägung gegenüber Gegenständen mitbedenken, mit denen sie nicht von Haus aus vertraut sind. Reduktionistische Lesarten von Pop- und Gegenkulturen waren allerdings seltener das Ergebnis von PC-Interpretationen als jener üblichen, von Gefährlichkeitsprojektionen angefeuerten Suche nach Jugendverderbern, speziell unter den beiden hochreduktionistischen Obertiteln »Sex« und »Gewalt«. Diese jugendschützerischen Ansätze gehen allerdings fast immer, und keineswegs immer böswillig, von dem zu schützenden, behüteten Kind aus, modelliert nach dem Ideal bürgerlicher Erziehung, dem von außen durch Medien und Popkultur Gefahren drohen, die ja auch von realen Schmuddelkindern seit Menschengedenken ausgehen sollen, während sich das bürgerliche Kind in einem ideologiefreien, sicheren Innenraum den Rest des Tages an seinem Holzspielzeug erfreut und Spiele ohne Sieger spielt.

Der alte Hippie-Spruch, demzufolge wir diejenigen sind, vor denen uns unsere Eltern gewarnt haben, hat schon allein deswegen an Attraktivität für heutige Gegenkulturen verloren, weil bürgerliche Eltern heutzutage weniger vor den Freuden des Hedonismus und der Selbstverwirklichung warnen, diese eher schon in ihren eigenen Lebensstil inkorporiert haben, als vielmehr vor den rundum unattraktiven Eigenschaften der anderen Klasse – und sei es auch deren Unkorrektheiten. Wenn PC in diese Logik rutscht oder sich Teilmengen zwischen partikular-emanzipatorischer PC und den Segregationsbemühungen, die mittlerweile auch das aufgeklärte Bürgertum verfolgt, ergeben, wäre das natürlich ungustiös.

Tun wir das denn überhaupt?

So wenig die Durchführung von »Verboten« in szenemäßig organisierten Kulturen überhaupt nur denkbar ist, so wirksam sind aber durchaus plötzliche, neue kulturelle Normen. Dazu zählen in konkurrenzkampfförmigen Verhältnissen – und die kulturelle Originalitätsproduktion ist natürlich auch ein solches – jede Neuerung, Denkstil, Sprachform und Lancierung, bei denen der möglichst schnelle Einstieg in die neue Situtation Distinktions-Vorteile bringt und so bestimmte Konversionen motiviert. Solche Entwicklungen aber nur unter der eben beschriebenen Logik zu betrachten, ist sicherlich reduktionistisch. Das Entstehen von Hipness und Hip-Faktoren in jugendlichen und adoleszenten Gegenszenen geschieht ja vor dem Hintergrund relativ großer Diskutierbarkeit und Transparenz und unterscheidet sich schon dadurch von etwa Konkurrenzkämpfen auf der höheren akademischen Ebene oder dem stummen Intrigieren um hohe Beträge in manchen Kunst- und Kinomilieus. Aus der berechtigten selbstreflexiven und selbstkritischen Entdeckung von ungenügenden Strukturen im eigenen Umfeld – was zum Beispiel kulturelle Klassenkämpfe, Sexismen und Rassismen betrifft – abzuleiten, dieses ließe sich nun vorrangig als entsprechend rückentwickelt beschreiben, ist eben so großer Unsinn: Szenen, die sich solche Selbstreflexionen überhaupt leisten und die eigenen internen Machtkämpfe beim Namen nennen, sind natürlich schon weiter als fast alle anderen sozialen Sphären. Generell lassen sich in Gegenkultur- und Subszenen solche »Paradigmenwechsel« wie Re-Politisierung oder PC (gegen Vorgänger wie Individualisierung und Subjektivitätskulte) nicht einfach nur lancieren. Sie sind immer auch inhaltlich motiviert, wie schnell dieser Aspekt auch überlagert werden mag. Zum anderen sind Szene-interne »Verbote« oder »Normen« im Wandel und in Diskussionen, die sie ständig modifizieren, und daher nicht im selben Sinne »gültig« wie unsichtbare, extern verhängte. Sie lassen sich also nicht auf den Konkurrenzkampf reduzieren. Damit soll die eher unterentwickelte Selbstreflexivität nicht als erledigt betrachtet werden, nur der kleinbürgerlichen Psyche Einhalt geboten werden, sich immer abwechselnd ganz schuldig oder ganz unschuldig zu fühlen. Interessant ist darüber hinaus allerdings, daß über die Kritik am Verbot auch immer wieder der Kritk an dem, was es verbieten soll, ausgewichen werden kann, auch wenn im oben genannten Falle darüber wahrscheinlich Einigkeit bestand.

Wollen kulturelle Akteure überhaupt eine andere Dimension von Wirkung?

Wenn aber Reden, Definitionen, aber auch Metaphern, Bilder – sprachliche Festlegungen und deren Manipulation – einerseits Konsequenzen haben und andererseits deren Regeln und Fundamente veränderbar sind – eine Grundannahme von PC, wie sehr auch immer man sie einschränken muß –, birgt das für das kulturelle Feld, die Produktion von Theorie, Fiktion, Wissenschaft, Kunst etc. einerseits Möglichkeiten, andererseits Restriktionen. Denn eine solche Annahme scheint für kulturell-politische Akteure eine zweifach veränderte Situation hervorzubringen. Einerseits sind sie plötzlich wichtiger, ihr Handeln relevanter, denn Diskurse sind ja nun mehr als Diskurse, Worte nicht nur Worte: sie zählen als Politik. Andererseits schränkt es ihre Freiheit ein: Diskurse, die mehr sind als Diskurse, wollen gründlicher abgewogen sein, lassen sich nicht von leichter Hand produzieren und freimütig äußern. Letzteres ist ein oft erhobener Einwand, der darauf schließen läßt, daß für einen großen Teil von Kultur-Akteuren die Folgenlosigkeit, Beschränkt- und Verspieltheit kultureller Produktion nach wie vor eine Grundbedingung ist. Eine Folgenlosigkeit, die begrifflich aber dann noch hinter l'art pour l'art zurückfällt, wenn die Behauptung radikaler Autonomie und/oder Konsequenzlosigkeit, wie sie in l'art pour l'art auch als Absage an Warenform enthalten ist, ebenfalls abgelehnt wird: zugunsten von ein bißchen Wirkung. Die Tatsache, daß Kultur irgendwo an unübersichtlichen Stellen sogenannter komplexer Vermittlungs-, Verteilungs- und Archivierungssysteme stattfindet, wird für das Kalkül der Beteiligten zum Apriori, das ein bißchen Wirkung und viel Beliebigkeit als Grundbedingung bürgerlicher Kunst immer schon und ohne schlechtes Gewissen voraussetzt. Die Freiheit, die hiervon gemeint ist, ist eher die der inhaltlichen und ästhetischen Abkoppelung der kulturellen Produktion von sozialen Umgebungen, die Konsequenzen und Folgen einer politischen oder stilistischen Aussage fordern könnten.

Einige schon

Diejenigen, die es begrüßen, in die Pflicht von Konsequenzannahmen genommen zu werden (und sich eventuell auch davon eine Erhöhung des symbolischen Kapitals und des Tauschwerts ihrer Produkte erhoffen), haben noch ein anderes Problem mit der Selbstermächtigung, die sie durch die Höherbewertung symbolischer Praxis (Kunst, Kultur im weitesten Sinne) gewinnen. Gerade ästhetische und stilistische Äußerungen, die den Vorteil haben, durch bestimmte Bewußtseinszonen schneller zu reisen, sind gleichzeitig die großen Verfestiger der kulturellen Milieus. Die Akteure in privilegierten Milieus können es sich aussuchen, wie und wo sie ihre Diskurse plazieren, ihnen Abwägungen und Überprüfungen der Überzeugung voranschicken können. Vielen aber wird schon aus materiellen Gründen der diskursive Spielraum eng. Denjenigen nämlich, die nicht über das finanzielle und kulturelle Kapital verfügen, das ihnen gestattet, entweder zu warten, sich zurückzuhalten, plötzlich bei günstiger Gelegenheit enorm zu investieren, sich also strategisch zu verhalten, sondern die stetig gezwungen sind, sich und ihr Kapital zu reproduzieren.

Kritik an Sprachgesten zwischen Punk und PC

All dies geht natürlich idealerweise in genau die Selbstreflexivität und Situationsspezifik derer ein, die an der Grenze zwischen den beiden Fehlern Voluntarismus und Determinismus patrouillieren: Die Ideologizität der Position eines Sprechagierenden auf der einen Seite, die Hoffnung auf fruchtbare Entwendung und produktive Mißverständnisse und die Freisetzung von Praxis durch Unterscheidung von Ebene und Einzugsgebieten, auf Kontingenz und ihre auch potentiell positiven Effekte auf Taktik, auch auf »Willensbildung«, auf der anderen Seite. Diskussionen um die Politizität von Sprachgesten ist in Gegenszenen seit den 80er Jahren eine Konstante, spätestens seit die Punk-Kritik an Hippies sich auch gegen deren Sprachgesten richtete. Eine auch aus den dezidiert antisozialdemokratischen Zügen von Punk erhoffte dritte Sprechposition für KulturarbeiterInnen sollte sich jenseits von Autorität einerseits und beliebig-folgenlosem Pluralismus andererseits situieren. Stand die erste Position für Macht, die als Macht auftritt (Helmut Schmidt, die Polizei) und die zweite für den Dialog (Öffentlichkeit, Feuilleton, Talk-Show) aus als Ohnmacht verkleideter Macht (Sozialarbeiter, Moderatoren, Fritz J. Raddatz) und als Ohnmacht verkleideter Ohnmacht (Neuer Sozialisationstyp, Ey-Du-Linker, Öko), sollte sich für die neue, dritte Position Ohnmacht als Macht (Punk, Neuer Wilder, Schreihals) verkleiden, um so wenigstens durchspielbar, diskutierbar zu machen, daß und was für Folgen überhaupt eine Position hat. Eine solche Als-ob-Ermächtigung erinnert an PC. Während das Paradigma der pluralistischen Talk-Show um den Preis der Folgenlosigkeit und nur scheinpluralistisch die extreme Position einzubauen versteht (Fritz Teufel darf einen Bundesminister folgenlos durch Wasserpistolenbeschuß lächerlich machen) und daher ständig die Möglichkeiten der Dissidenz einschränkt, diesen prinzipiell folgenlosen Meinungsaustausch zu durchbrechen (die Kinskis, Teufel, Driests und ihre Tabubrüche wurden im Gegenteil zum Maß des Erfolgs), wurde aber die offen autoritäre Sprechposition seltener, und als Apodiktik lieh sich Linke und Popkultur diese Geste von der sich ihrerseits immer häufiger als ohnmächtig verkleidenden Macht. Bis dann schließlich auch die Rechte den Talk-Show-Pluralismus angriff (Botho Strauß etwa), nicht allerdings wegen der konventionalisierten Entwertung persönlicher und politischer Einwände, sondern wegen »Oberflächlichkeit«, Banalität und Niveaulosigkeit. War die Punk-linke Kritik an Talk-

Shows gegen die Relativierung von einmaligen Personen, Statements und politischer Gegnerschaft durch das Ritual gerichtet und beklagte so, daß die Leute in den Talk-Shows gar nicht wirklich zu Wort kommen, richtete sich die rechte Kritik dagegen, daß jeder dahergelaufene Trottel in der Talk-Show reden durfte und sehnte sich nach aristokratischeren Zugangsberechtigungsregelungen zu Massenmedien, also noch engeren Beschränkungen von Rederecht[3]. Das wiedervereinigte Historikerstreit-Deutschland mit seinem Handlungsfähigkeits-Jieper wollte immer häufiger wieder autoritäre Machtworte hören und bekam, was es wollte. Wer jetzt als Oppositioneller eine Konsequenzen fordernde Redeweise einnehmen wollte, konnte das nicht länger tun, indem er oder sie sich die Geste des Autoritären lieh, als Negativ der entmündigenden Talk-Show-Spraak – diese Form der Apodiktik war als Kurzsatz-Stümmel-Sprache in »Tempo« und anderswo eh auf den Hund und zu sich selbst gekommen –, sondern mußte jetzt die Position der Selbstreflexivität einnehmen, die zumindest auf der Ebene des sprechenden Subjekts wieder Konsequenzen sichtbar machte, also zeigte, wie Rede Folgen hat. Nun allerdings nach Innen verlegt. Einerseits war das eine Kapitulation, andererseits Anerkennung der Tatsache, daß man sich das Machtwort nicht leihen kann, ohne den Schaden zu nehmen, eben an der Macht (Konvention) zu partizipieren. Daß Ironie und Parodie der »Anrufung« nicht (so ohne weiteres) möglich sind.

Der Dissident als Spießer

Dieses Selbst der Selbstreflexivität wurde aber zunächst gefragt, wie seine Redemöglichkeit auf dem Ausschluß anderer aufbaute. Erstarkter Feminismus und Verbreitung antikolonialistischer und antirassistischer Diskussionen innerhalb der linken und kulturlinken Szenen führten zunächst zu der Erkenntnis, daß die vorangegangenen Sprech- und Produktionsmodelle extrem ausschließend gewesen waren.[4] Indem sich das bisher sprechende Underground- und Szene-Subjekt als majoritär weiß-männlich-heterosexuell, also dem dominanten Normalitätsmodell entsprechend, erkannte, hätte es einerseits sein Territorium räumen oder öffnen müssen, andererseits erkennen, welche Wünsche und Interessen es immer schon mit denen verband, die er/es vorher ausgeschlossen hatte. Es hatte die Möglichkeit, durch Zuhören, Auseinandersetzen etc. andere entweder wieder einzuschließen oder deren separate Kämpfe anzuerkennen, die in den Sprechmodellen, die es während der 80er Jahre gegeben hat und die alle auf eine imaginäre Teilnahme am großen demokratischen Ganzen bezogen waren, nicht vorgekommen waren.

Tua res agitur: PC und Demokratie in der (Zwangs-)Boheme

In dieser Situation gab es von allen Seiten ein höheres Gespür für Worte, Rhetoriken, Redeweisen und Sprechpositionen, weil über sie ja tatsächlich ausgehandelt wurde, wie und als wer das/die widerständigen Subjekte sprechen. Da das Ganze aber zu einem nicht unwesentlichen Teil im kulturellen Feld stattfand, kam es zu den Überschneidungen mit den üblichen Konkurrenzkämpfen um Novitäten. Dabei bezogen sich viele der Debatte auf Kunst und Kulturthemen, die für die Beteiligten nicht nur von kulinarischem Interesse waren, sondern unmittelbar mit deren Lebensunterhalt verschränkt waren. Diese ArbeiterInnen der Stimulanz- und Kulturindustrie verhalten sich zu den in der Kultur explizit und implizit verwalteten und produzierten Inhalten ähnlich wie die US-amerikanischen StudentInnen zu den dortigen Debatten über und in den Humanities: Die Produktion eines bestimmten Inhalts in einer bestimmten Sprache ist nicht nur von Interesse, weil ich professionell-sachlich mit ihm zu tun habe, sondern weil er mich meint und auch die Art und Weise mitregelt, in der ich über mich (und anderes) sprechen kann. Diese doppelte Gemeintheit (um »Betroffenheit« zu vermeiden, obwohl das hier mal paßt) tendiert natürlich auch dazu, die Debatte abzuschließen, durch eben diese Besonderheit auf *Kultur*produzentInnen zu beschränken. Zum anderen sind aber postfordistische, individualisierte und flexibilisierte Lebens- und Arbeitsverhältnisse, wenn sie nicht eh schon in die Produktion von kulturellen Zeichen und Stimulantien integriert sind, ähnlich aufgebaut wie die früheren Lebensverhältnisse der Künstler. Ich nenne diese Entwicklung Zwangsbohemisierung. Tendenziell bedeutet dies, daß die Spezifika der eher unklaren, offenen, aber »frei« gewählten Lebensverhältnisse der Boheme auch für diese selbst eine andere Bedeutung bekommen, analog etwa zur Abwertung von Punks, Junkies, die einst auch für gewisse Befreiungspotentiale und poetisches Kapital standen und heute nur noch für soziales Elend. Solche Übergänge und Unklarheiten führen aber auch generell zu einer höheren Bedeutung von Symbolen, symbolischem Tausch wie symbolischer Politik. Die Ansätze von PC könnten für gewisse Sicherheiten sorgen, die auf politische Überzeugungen und Grundsätze verweisen oder auf diesen beruhen, die Entsolidarisierung, Entrechtung und anderen Aspekten der Zwangsbohemisierung entgegenwirken. Diejenigen Kölner Obdachlosen, die sich als Sicherheitsdienste verkleideten und dann einfach alle echten Sicherheitsdienstler durch die Drastik ihrer Eingriffe übertrafen, gehören derselben Kunstrichtung an wie die Aktion »Art Rebate/Arte Reembolso« von David Avalos, Louis Hock und Elizabeth Sisco, die Zehn-Dollar-

Scheine und eine Deklaration an illegale Einwanderer aus Mexiko verteilt haben.[5] Unsichere und rechtlose Verhältnisse führen zu einer höheren Wichtigkeit und damit auch Einsetzbarkeit des Symbolischen. Längst bezeichnet einst nur tribalistisches, subkulturelles Stil- und Markenbewußtsein echte Territorien, sowohl im Sinne von Gangländereien wie auch Unterschiede zwischen Verelendungsgraden. Die Polizisten dieser Welt wissen das. In Los Angeles sind bestimmte Kleidungsstücke als Gang-Abzeichen justitiabel, in Hannover schreiben Beamte verrückte Dossiers über Sinn und Symbolik der Punk-Bewegung[6]. Demnächst: Cultural Studies an der Akademie für polizeiliche Führungskräfte in Münster.

Massenverwilderung und Massenverfeinerung

Möglicherweise sind die Hysterie gegen PC einerseits, gegen Hipness und Jugend-und Szene-Kryptik andererseits – die natürlich von unterschiedlichen Instanzen entfesselt sind – nur zwei Seiten des leicht panischen Kampfes um Symboltechnologien seitens der herrschenden Klassen. Denn schließlich gibt es nicht nur neue Symboltechnologien, -distribution, -zugänge, neue Coolness-Fiktionen und dazugehörige Werte, es gibt auch kaum Beschreibungsmöglichkeiten von außen, außer den üblichen »Sex und Gewalt«. Die klassische Politik des postmodernen Kapitalismus gerade der frühen 90er war es, immer mehr Symbole (von ethnischen, sexuellen Minderheiten und anderweitig Ausgeschlossenen, Jugendlichen und »gefährlichen Klassen«) zuzulassen und zu vermarkten, und zwar nicht nur auf MTV, sonden auch in Mainstream-Kultur, und gleichzeitig die Urheber der Symbole immer gnadenloser zu bekämpfen (durch Ausgangssperren für Jugendliche und Gang-free Zonen in den USA, Platzverbote für Punks und Junkies hier etc.). Diese Politik scheint sich zu ändern: Man fürchtet eine neue Nähe dieser Symbole zur Realität einer der Verwaltung und Disziplinierung entglittenen und auch wegen Überflüssigkeit entlassenen Menschengruppe von Arbeitslosen, Dauerstudenten, McJobbern etc., die vielleicht nicht auf Dauer nur von den Technologien einer Kontrollgesellschaft sich befrieden läßt. Die entsprechenden Verhältnisse sind ihrerseits zum einen Bestandteil trivialer Jugendfilme wie »Hackers«, zum anderen gern wiederholte »bedrohliche« Tendenzphantasmen, die einem auf Kongressen und Symposien zum Modethema Urbanismus begegnen, aber selten politisch analysiert worden und in Beziehung gesetzt worden sind zu dem, was gleichzeitig stabil geblieben und nicht von dem Wandel von Disziplinar- zu Kontrollgesellschaft erfaßt worden ist. In diesem Verhältnis zwischen stabilen Anteilen an Selbst- und Weltbild von Punks etwa und den neuen Strategien kulturalistischer Stigmatisierung gegen Punks, ihr Imageverfall von Verweigerer zu Versager, ließe sich die Symbolpolitik der Teilkontrollgesellschaft gegen ihre Gegner (und deren Möglichkeiten) genauer ermitteln.

Diskurserweiterung durch PC: Sex und Gewalt sind mehr als Sex und Gewalt

Tatsächlich herrscht auf manchem, von PC bearbeitetem Gebiet eine symptomatische Diskursknappheit. Der Ästhetik-Professor ebenso wie der Hannoveraner Museumsmann, die Jugendschützer ebenso wie KRS One[7] kennen immer nur dieses eigenartige gemischte Doppel, »Sex und Gewalt« oder »Sex und Verbrechen«, wenn sie die Crux von fast allen Grenzfällen von Repräsentationen benennen wollen. Über Sex und Gewalt oder die Kombination von einem der beiden Begriffe mit »Ästhetik« und »Repräsentationspolitik« wird in der Regel das Terrain definiert, wo über die Dinge gesprochen werden kann, die nach meiner Eingangsdefinition zentrale Gegenstände von PC wären: das Verhältnis zwischen Ästhetik und Politik, die Grenze zwischen Wort und Tat. Dabei gilt für alle populären, aber auch einen großen Teil der wissenschaftlichen Debatte, daß im deutschsprachigen Bereich beide Begriffe substantialisiert werden, also nicht als ein Verhältnis beschrieben werden, sondern als ein Gegenstand, dem konkrete Eigenschaften unabhängig von seinem Kontext zukommen. Wenn etwa, in einer Auseinandersetzung um die Filme Quentin Tarantinos, die Szene aus »Pulp Fiction«, in der John Travolta aus Versehen einen Jungen erschießt und anschließend komische Verwicklungen bei der Beseitigung von Spuren entstehen, und die Folterszenen aus »Reservoir Dogs« *einem* Gewaltbegriff zugeordnet werden und zu Schlußfolgerungen über die Darstellung von »Gewalt« berechtigen. Wo doch erstere Szene sich »schwarzem Humor« und eher harmlosen Grenzüberschreitungen wie Hitchcocks »The Trouble with Harry« zuordnen ließ, während letztere Szene selten gesehene Brutalität so weit wie möglich entkontextualisiert – die abstrakten Genre-Gangster verhalten sich zu Gangstern wie Beckett-Figuren zu konkreten Menschen – und, Effekt für Effekt auskostend, vorführt und tatsächlich eine Neuheit im (kommerziellen) Kino darstellt. Beide Szenen und auch ihre Beziehungen zueinander lassen sich nicht über den ungeklärten oder gar substantialisierten Gewaltbegriff klären. PC hat es durch den Praxisdruck auf (auch ästhetische) Theorie in der Hand, hier dafür zu sorgen, daß die Substanzbegriffe durch eine Fülle von Verhältnisbegriffen abgelöst werden, genau in dem Sinne der oft verlachten Begriffsexplosion und -pluralisierung in anderen prekären Bereichen, die durch PC ausgelöst worden sind. Wenn, wie das oft zitierte Whorfsche

Beispiel behauptet, »die Eskimos 40 Worte für Schnee« haben, brauchen wir sehr viel mehr für Sex und Gewalt. Und die Entkoppelung der Oberbegriffe.

Vermischung der Milieus

Die unter dem Einfluß von PC geführten oder PC zugeschriebenen Diskussionen sind oft in Milieus geführt worden, wo eine hohe kritische Empfindlichkeit im Umgang mit violenten oder sexuellen Darstellungen einerseits und ein spezialistenhafter Umgang, ja Faszination an solchen Darstellungen – in allen Künsten und Medien – schon gesellschaftlich einander sehr nahe sind. Pornographie-Bekämpfer und Splatter-Fans, Befürworter schwuler, aber Gegner heterosexueller Pornographie, Unterstützer von Sex-Worker-Rechten und Betreiber von Trash-PinUp-Kulten publizieren oft in denselben Zeitschriften, treffen sich auf den gleichen Konzerten, Kneipen und MUDs. Zwar hat die allgemeine Spezialisierung und Departementalisierung von Gegen- und Jugendkulturen dazu geführt, daß man sich auch bei größter Nähe noch weitgehend aus den Augen verlieren kann, aber die Kraft der Milieuvektoren ist größer als die Summe ihrer Teile. PC infizierte die entsprechenden Diskussionen spätestens seit den frühen 90ern, ohne unter diesem Namen bekannt zu sein. Dafür gab es verschiedene Voraussetzungen. Zum einen erlaubte das drastisch auf soziale Realität verweisende und zuweilen drastisch politische Auftreten der in bestimmten Szenen hegemonial werdenden afroamerikanischen Musik (HipHop) und die dazugehörigen Debatten nicht länger, den eigenen Kulturkonsum nur noch wie bisher als private Verfeinerungsstrategie und Material zur Produktion kognitiver Konsonanz zu begreifen. Hier sprach jemand klar von Verhältnissen, die du a) nicht verstehst, die b) keine Neutralität zulassen und

c) deine Mitarbeit/Meinung nicht brauchen und wollen. Zum anderen gewannen feministische Positionen im Verlaufe der späten 80er und der 90er in linken und kulturlinken Milieus an Einfluß: Über Frauen konnten die Jungs nun nicht mehr so uneingeschränkt zuschreibend und projizierend sprechen wie über Stars und »andere« Kulturen.

Befreiungsparadigma, Polit-Projektionen und Anwesende

Damit war erstmals die Reflexion über politische Werte und politisches Verhalten ins Zentrum der (klein)bürgerlichen Jugend- und Gegenkulturen gerückt, die schon lange, von Minderheiten an ihrem »autonomen« Rand abgesehen, hauptsächlich aus Projektionen auf das Proletariat, die Dritte Welt, die Schwarzen und andere Abwesende bestand. Durch die konkreten Forderungen anwesender Frauen inmitten des Milieus einerseits, durch den Wegfall altlinker Politikverhinderung qua Revolutionseschatologie andererseits entstand in den 90ern auch in Deutschland in manchen Subkulturen endlich eine alltagspolitische Verhaltens-, Symbolisierungs- und Repräsentationskritik und -diskussion, die in den USA schon lange und durch den Einfluß sehr verschiedener Gruppen präsent war, hier aber vor allem durch den feministischen Einfluß, in zweiter Linie durch Folgen von Rassismus- und Multikulturalismus-Diskussionen an Terrain gewinnen konnte. Das fiel nicht zuletzt auch dem Gegner auf, etwa Konrad Adam: »PC (...) ist vor allem eine Angelegenheit der Schwarzen (...) Deutschland ist kein Vielvölkerstaat, zumindest noch nicht, und deshalb wurde political correctness, seitdem sie auch bei uns in Mode gekommen ist, zum Reservat der Frauen.«[8] Nun ist auch schon in den 70er Jahren auch in der Mainstream-Kultur an verwaschenen, angeblich feministisch beeinflußten Themen und Slogans entlang diskutiert worden. Doch gab es dagegen auch einen linken, wenig erschütterten Konsens, der sich vor allem dem unausgesprochenen, subkulturell-linken Befreiungsparadigma und dessen Herkunft aus den 60er Jahren verdankte. Dieses hält prinzipiell die Aufhebung von Grenzen, Vorschriften, Gesetzen für richtig und progressiv, der Emanzipation eines natürlichen Menschentums, das von diesen nur gegängelt wurde, dienlich und das Gegenteil für reaktionär. Speziell weibliche Angriffe auf »naturwüchsige« männliche Sexualität und deren Praktiken und speziell Repräsentationen wurden dann immer mit elterlichen und institutionellen Bevormundungen identifiziert und entsprechend abgelehnt, bestenfalls ridikülisiert, mitunter aber auch aggressiv mit der Reaktion identifiziert. Der Abschied vom Befreiungsparadigma auch für gegen- und jugendkulturelle Milieus dauerte lang und fiel schwer. Erst nach der Verabschiedung der jeweiligen Befreiungs-Ideologien einerseits und der Proletariats-projizierenden und Revolutions-eschatologischen linken Selbstverständlichkeiten andererseits konnten antisexistische und anti-rassistische Positionen an Land gewinnen.

Authentizität – oder ihr Gegenteil – als Disziplinierung

Was aber zum einen für Geschlechterverhältnisse und deren Repräsentation (und andere kulturelle »Medien« von »realen« Machtverhältnissen) sowieso gilt, zum anderen sich unter den Produktionsbedingungen einer immer mehr Leute beschäftigenden Stimulanzindustrie noch verschärft, wird durch das Modell der Pornographie veranschaulicht. Wo sich einerseits Sache selbst (Sexualität) und Repräsentation (Film, Bild, Text) nicht mehr so leicht auseinanderhalten lassen. Und wo andererseits durch den rituellen Cum-Shot als Beweis der »Echtheit« der gezeigten Vorgänge – im Medium männlicher Lust – paradigmatisch die authentizistische Objektivierung dargestellt wird, die die Lust quantifiziert, verdinglicht und in den Warenkreislauf eintreten läßt. Cum-Shot und andere Authentizitätsbeweise stehen damit für die klassische kapitalistische ebenso wie für die patriarchale und rassistische ideologische Norm: Authentizität als höchstes Gut gegen Alterisierungen, Ver- und Entfremdungen, Künstlichkeiten, Beraubungen von Phalli (gerade auch in Zeiten der andere Sicherheiten aufweichenden, postfordistischen Flexibilisierungen). Authentizismus ist viel eher das ideologische Substrat der berühmten drei Unterdrückungsformen der »triple-oppression«-Theorie, *race, class and gender* – als »Entfremdung«. Unterdrückt wirst du in dem Maße total, in dem die andere Seite auf die Anwesenheit der ganzen Person besteht. Ob du ganz und immer als Schwarzer wahrgenommen und eingesetzt wirst, dich mit deinem Job identifzieren mußt oder für deinen Kurt-Cobain-Status dein Leben geben. Nicht also Eskapismen – Drogen, Hedonismus – wären demzufolge primär politisch abzulehnen, sondern die authentizistische Arbeitsethik. Und es ist in dieser Hinsicht verständlich, daß in anti-authentische kulturelle Strategien – Signifyin(g), Cross-dressing, Parodie, »affirmative abjection« etc. – so viele Hoffnungen von feministischer, antirassistischer und schwul-lesbischer Seite investiert worden sind.[9] Doch sind deren Grenzen natürlich auch in der negativen Fixierung zu finden, sie könnten so ihrerseits zu Normen werden, die sich mit flexibilisierten Verhältnissen harmonisieren lassen. Das alleine disqualifiziert allerdings nicht die ohnehin flüssigen, beweglichen, offenen Debatten und »Kämpfe« um anti- und nicht-authentizistische Lebens- und Darstellungsformen. Darüber hinaus aber bekommt jeder Anti-Authentizismus, der über das Ziel hinausschießend um jeden Preis die Nicht-Identifikation favorisiert, das Problem, von den konkreten Stigmatisierungen und Unterdrückungen zu abstrahieren, die es mitunter nötig machen, sich auf Identität zu beziehen. Ein solcher abstrakter Anti-Essentialismus verliert dann eine politische Einschätzung identitätspolitischen Widerstands, der keinesfalls immer essentialistisch genannt werden muß.[10] Strategien gegen Authentizismus als Ideologie haben als Ergebnisse von nur Einsichten und Voluntarismen alleine wenig Chancen. Die vielen neuen Selbstbilder und Entwürfe, die im weiteren Umfeld von Techno-Kultur in den frühen 90ern als Alternative nicht nur zu konventionellen Geschlechterrollen und -Orientierungen, sondern auch in bezug auf Körperlichkeitsideen allgemein, Sprechpositionen, (künstlerische) Produktionsformen, Alternativen zu Autorschaft etc. entstanden sind und sich heute schon wieder alle möglichen populistischen Angriffen ausgesetzt sehen[11], haben nur eine Chance, mehr als ein postfordistischer Trostpreis zu sein, wenn sie mit anderen kulturellen und politischen Dynamiken verbunden werden.

Straight Edge, Death Metal und Vegetarier

Zum ersten Mal innerhalb der Rock-Kultur geriet das Befreiungsparadigma in den Jahren nach Punk-Rock ins Wanken. Vor allem bei der Straight-Edge-Bewegung innerhalb des Punk-Rock ging es darum, einem dafür nicht vorbereiteten Publikum die Grenzen der Libertinage per Aufzwingen schmerzhafter Debatten beizubringen. So wie PorNo als eine Debatte über die Grenzen der Meinungsfreiheit erstmals als quasi von links und liberal statt von rechts und klerikalkonservativ angezettelt wahrgenommen wurde, löste Straight Edge im Befreiungsmilieu des Punk-

Rock und der Alternativ-Szene Diskussionen über Sexismus, Fleischessen und ökologisch korrekte Lebensweise aus, die plötzlich strenge Konsequenzen im Leben der Betreffenden verlangten. Das geschah in einer Epoche, mittlere 80er, in der, auch von Konjunkturen wie Kunst-Boom, Yuppietum, Identitätsspielen à la Madonna unterstützt, eine grenzenlose Verfügung über Genüsse, Lebensformen und -stile, kurz der Beginn einer Massenverfeinerung und eines Massendandyismus nichts so tabuisierte wie das Aussprechen von Tabus selbst, das Setzen von Grenzen. Zwar war auch Straight Edge eine amerikanische Bewegung, sie erreichte aber die BRD, als diese noch so genannt wurde und lange vor PC. Schon in den frühen 80ern von Ostküsten-Punkrockern wie etwa der Gruppe DYS verbreitet, wird die Bewegung in der zweiten Hälfte der 80er im US-Hardcore-Punk hegemonial. Zunächst malten sich Straight-Edgeler ein schwarzes Kreuz auf die Hand, schworen Drogen und Alkohol ab, weigerten sich, mit der Plattenindustrie in Verhandlung zu treten, und versuchten, das Pogo-Ritual vor der Bühne entweder zu pazifizieren oder anderweitig für Frauen zu öffnen. Inhaltlich wurde die Bewegung bald aber komplexer, und die Band Fugazi und das von ihr betriebene Dischord-Label in Washington DC steht für den zweitweilig weltweiten Erfolg der ProtagonistInnen von SE bei einer gleichzeitig auffälligen künstlerischen Weiterentwicklung. Natürlich fanden gleichzeitig vergleichbare Entwicklung anderswo statt: Auch deutsche Autonome, die in den 80ern nicht nur ein Großteil des Hardcore-Publikums, sondern auch die Spielstätten für tourende HC-Bands in besetzten oder selbstverwalteten Häusern stellten, wurden in den 80ern ökologischer, frauenfreundlicher und verzichteten zunehmend auf Fleisch, auch setzte es sich durch, daß derlei inhaltliche Entwicklungen nicht mehr Privatsache waren, sondern durch Hausordnungen – etwa alkoholfreie

Punk-Konzerte, um »Mackerverhalten« unter Kontrolle zu halten – umgesetzt wurden. Diese bloße Umkehrung des Kontrollverlust-Problems durch (Selbst-)Kontrollen löste das Problem natürlich nicht. Auch im britischen Punk gab es die parallele Entwicklung zu immer aggressiverer Musik bei immer vegetarischerem, friedvollerem Benehmen der ProtagonistInnen. Bei einigen britischen Death Metal Bands der späten 80er fand sich dieselbe Mischung aus Vegetariertum, Feminismus und ökologisch orientiertem Anarchismus ausgerechnet bei Bands, deren Texte mit nicht mehr zu steigernder Brachialität und Geschwindigkeit vorgetragen, nur mit der Darstellung von Greueln und »Gewalt« beschäftigt waren. »It's a violent music with a peaceful lifestyle«, meinte Hammy, ein Musiker und Labelbesitzer. Aber nur Straight Edge verband seine moralischen Codices unmittelbar mit der Musik und dem Live-Event. Straight Edge ist sozusagen das Vorspiel auf die in den 90er Jahren verbreitetere Wahrheit, daß das Entgrenzungs- und Entfesselungsparadigma der Rockmusik, ihre vermeintlich einheitlich rebellische Seite, jede Menge Fragwürdigkeiten enthält[12]: Ausschluß von und Gewalt gegen Frauen, mindestens ambige, wenn nicht rechte Revolte-Ideen, Rassismen etc. Daß sich dies gerade in einer Musik-Szene durchsetzte, die für besonders aggressive, »männliche«, primitive Rituale steht, Hardcore-Punk, zeigt, daß sich in linken und dissidenten Jugendkulturen und gerade nicht in einem durch professoralen oder von Organisationen durchgesetzten Zwang gewisse Ursprünge der PC-Bewegung finden lassen. Straight Edge Bands waren oft besonders beliebt bei Aussteiger-Punks und in Anarcho-Kreisen. Ihre oft strenge Wertordnung, ihre Apotheose der Konsequenz und Ablehnung von kognitiven Dissonanzen trug ihnen allerdings schon damals nicht nur zu Unrecht Vergleiche mit amerikanischen Puritanern ein. Die einfache Umdrehung des

Befreiungsparadigmas hat sich in the long run als kontraproduktiv erwiesen: Heute hat auch an dieser Front längst ein Backlash eingesetzt. Sprecher der Bewegung fürchten zunehmend um ihr Entgrenzungs-Recht. Ein T-Shirt mit der Aufschrift »PC-Punks fuck off« ist weit verbreitet.[13]

Diskursvermehrung versus Diskursverknappung

Im Gegensatz zu den Mainstream-Debatten, die einfach nur neue Konsense mit dem Begriff der Debatte belegt haben, haben solche Szene-Auseinandersetzungen tatsächlich schwierige, aber entscheidende Territorien geöffnet. PC hat in subkulturellen Auseinandersetzungen zum Glück öfter die Funktion der Diskursvermehrung als die ihm immer nachgesagte der Diskursverknappung. Das verlief immer da am interessantesten, wo die »nötigenden Sprechakte« und die (künstlerische) Kritik der Repräsentation sich überschnitten, wo berechtigte Befreiungs- und Verwirrungsinteressen auf ihre berechtigte Kritik stießen und oft nicht auf einer Ebene auszutragen waren oder immer wieder auf den notorischen, aber entscheidenden »Kontext« verweisen mußten. Diese neue, im Prinzip freie und produktive Auseinandersetzung hatte es prinzipiell mit drei Problemen zu tun: 1.) mit der schon eingangs erwähnten Wahrnehmung als Verbots- und Verordnungsdiskurs; 2.) mit der Struktur alternativer Öffentlichkeiten im Zeitalter von Fanzines und Internet; 3.) mit dem Interessengegensatz von künstlerischer Ambivalenz und politischer Konsequenz in künstlerischer Praxis.

Ad 1: Nichtnormierte Lebensstile und kognitive Konsonanz

Jenseits von Kastrationsängsten ist diese Wahrnehmung von Verbot und Ausgrenzung auch immer mal wieder berechtigt, gerade weil sich PC-Debatten und -Aufbrüche eben gerade im unmittelbaren Umfeld von Kunst und Lust, von Exzeß, Nachtleben und den Nischen nicht-normierter Lebensstile abspielen. Die Vermittlung der Ziele, der Zwecke, Gegner, Absichten kommt nicht überall auf die gleiche Weise an. Im Prinzip ist diese Nähe aber gerade ein Garant dafür, daß PC nicht in eine abstrakte und ideologische Moralität abrutscht und zu einem von Kontexten und Konflikten unabhängigen Regelsystem degeneriert. Die größere Gefahr in dieser Richtung scheint eher der Versuch, über PC kleinbürgerliche Seelen »ganzheitlich« von kognitiven Dissonanzen heilen zu wollen. Zwar kommt PC als Ort der Geborgenheit vor allem als Projektion bei einer sich als weltläufig inszenierenden Rechten vor, die einen gewissen als männliche Desillusioniertheit daherkommenden Zynismus als Attribut von New York und großer Welt aus den 80ern herübergerettet und in den aktuellen Sozialstaatsabbau-Kontext harmonisch integriert hat. Doch die Vereinheitlichungs- und Harmonisierungsenergien im kleinbürgerlichen Subjekt, die bislang eher von der dissonanten Gleichzeitigkeit von künstlich-rigider Verordnung und dekonstruktiv-kritischer Auflösung erschreckt waren, sind so stark, daß sie PC auch jederzeit für ihre Zwecke einzusetzen in der Lage sind: ungebrochene Herrschaft im eigenen Psycho-Haushalt, Vertreibung äußerer Gefährdungen. Dabei geht es einer dekonstruktiven PC-Politik gerade nicht um Versöhnung und Verschmelzung von Ebenen, sondern um deren Auseinanderhalten, um die Befähigung zum Mehrfrontenkrieg, insbesondere um das Herausholen der kognitiven, künstlerischen und politischen Bewegungen aus den widerspruchsfreien Innenräumen von Privatheit in eine neue Öffentlichkeit.

Ad 2: Free Speech und Widerspruch

Lange vor dem Internet gab es bereits dessen etwas zu enthusiastisch vielgelobte polyphone Struktur, bis heute wahrscheinlich vollkommener und polyphoner als dort, in der Welt der Fanzines und Spezialistenpublikationen im subkulturellen und kulturpolitischen Bereich. Die dort herrschende freie Rede ist gekennzeichnet von einerseits einem Extremismus der Expression, der sich ständig seine Freiheit beweisen zu müssen scheint; andererseits von einer immer schon akzeptierten Wirkungslosigkeit, einem Bewußtsein von den Vor- und Nachteilen des extrem kleinen Kreises. Subkulturelle Debattten und Theoriebildung werden in der Zukunft eher mehr als weniger auf diese Öffentlichkeitsform verwiesen sein, die viel Platz für erhitzte Kämpfe um Minimengen kulturellen Kapitals, aber wenig Aussichten auf politische Konsequenzen, Überschreitungen etc. bietet. Da ist es interessant, daß PC sich bisher als der erfolgreichste Versuch seit langem erwiesen hat, diese schöne, beschränkte Spielwiese – die natürlich erhaltenswert ist: auch sie ist bedroht – zu verlassen, und zwar durch die unmittelbare Attacke auf institutionelle Regeln und Selbstverständlichkeiten: offizielle Bezeichnungen, kanonische Selektionen, unbezweifelte Konventionen, Normalität. Der Dauerzustand einer ungefährlichen subkulturellen Anormalität, der ewige Genuß einer längst akzeptablen Extremität und die auf reine Datenmengen gerichtete ungeduldige Libido des Nerds – die man beim linksradikalen Schreiber ebenso entwickelt vorfindet wie beim Easy-Listening-Gourmet – kennt als Alternative nur die Analyse der Grundlagen der völlig aus den Augen verlorenen Normalität, wie sie bei PC teilweise aufgegriffen wurde. Und auch als konstitutives Außen subkultureller Zusammenhänge nicht ohne Bedeutung ist. Diese Alternative – zu der auch ein Einbeziehen anderer Schauplätze gehören müßte – ist nicht als bessere zu verstehen, sondern als Ergänzung, die auch dafür sorgen kann, daß nerdhaftes Jonglieren mit Referenzen und Verweisen wieder an Gewicht gewinnt, indem es ein Bewußtsein erhält von den grundlegenden ökonomischen und semiotischen Bedingungen dieses Zeichengenusses. In der gegenwärtigen »zweiten Postmoderne« haben im Gegensatz zu Zeiten von »Zitat-Pop«, also den frühen 80ern, Zitate jeden Gebrauchswert eingebüßt und nur noch Tauschwert. Die anti-authentische Geste der deklarierten Zitiertheit einer Emotion enthüllt nichts mehr. Nur die eventuelle Seltenheit oder Entlegenheit des Zitats hat mitunter einen kulturellen Wert. Daher ist auch die Spekulation so hektisch und die Easy-Listening-Libido so nervös geworden. Foucault hat als eine seiner letzten Vorlesungen in Berkeley, dem Ort des Free-Speech-Movements der frühen 60er, über den griechischen Begriff der Redefreiheit, »Parrhesia«, gesprochen und betont, wie er mit Freimütigkeit zusammenhängt, also einem Mut, gegen einen Widerstand frei zu sprechen und Kritik dort zu üben, wo sie nicht erwünscht ist.[14] Diese Orte zu finden und aufzusuchen heißt, den zur Entleerung tendierenden Genuß endlos differenzierter (Kultur-) Datenmengen mit der Grenze zwischen nicht-normiertem Lebensstil und normierter Antinorm zu konfrontieren. An genau der Stelle, wo die aus den in der Nische genossenen Vielfalten entstandenen Konsequenzen sich nicht leben lassen, nicht aussprechen lassen, ist der Ort, wo Free Speech zu rekonstruieren wäre.

Ad 3: Ambivalenz

Das Kunstwerk und sein Genuß haben wie andere Lüste die Unabgeschlossenheit, Unabschließbarkeit und damit auch eine Ambivalenz zur Bedingung, die eine rein instrumentelle Verwendung verbietet. Andererseits geschieht diese aber immer auch schon die ganze Zeit. Die eben beschriebene Voraussetzung kommt in der Realität nicht vor, Kunstwerke werden immer schon benutzt, verkauft und vereindeutigt, ihre prinzipielle Ambivalenz hingegen ist ein Teil der Ideologie, die auf dem Paradox beruht, daß sie ihren Warenwert nur in dem Maße halten können, wie sie ihren Warencharakter verschleiern und überspielen. Und dennoch ist in Momenten, spontanen Situationen, Nebenprodukten, zuweilen aber auch in den Sachen selbst die andere Seite dieser Ideologie zu erkennen: daß das, was sie beschwörend und verschleiernd behauptet, auch wirklich vorkommt, wenn auch immer schon mit etwas anderem verkettet. Diese energetisch-ambivalente Seite von Kunstwerken ist natürlich Spur jener Eigenschaften, die Befreiungen auch jenseits des Befreiungsparadigmas denkbar machen. Sollte PC diese Energien mobilisieren und nun von einer anderen Seite aus vereindeutigen? Und ist Vereindeutigung schlecht, nur weil auch das eine Instrumentalisierung ist und damit analog zur Kommerzialisierung und anderen Beraubungen funktioniert? Wenn PC Kunstwerke einsetzt oder an kulturelle Produktionen bestimmte Forderungen stellt, müßte das mit einem Bewußtsein davon geschehen, daß diese immer noch etwas anderes sind und sein müssen; daß sie nur auf einer Ebene, der politischen, die sie allerdings immer auch haben, mit PC kooperieren. Politische und aktivistische KünstlerInnen, die dies auch wissen, wollen oft das Problem dadurch lösen, daß sie Gestalt, Unklarheit und Ambivalenz als nebenherlaufende, oft auch noch ironische Figuren nur neben der »Botschaft« und dem »Inhalt« zulassen. Wer sich die Aufgabe stellt, dieses besondere Potential von Aufmerksamkeits- und Verständnisformen grundsätzlich abzuschaffen oder zur Seite zu legen, landet aber bei einem fetischistischen Inhalts- und Informationsbegriff. Wer sich auf deren Autonomie und Eigengesetzlichkeit verläßt, bleibt bei der bloßen Bestätigung der ideologischen und institutionellen Eigenschaften und verrät damit auch das ambivalente, öffnende Potential an die *Ideologie der Ambivalenz* und ihre ökonomische Funktion. Beide Modi – Informations»kunst« und Kunstbetriebskunst – können aber funktionieren, wenn sie die Anzweiflung durch ihr notwendig nicht Mitbedachtes inkorporieren. In der besseren Pop-Musik der letzten Jahre war ein immens zugenommenes Wissen um den jeweiligen Status von unterschiedlichen Signifikations- und Asignifikationsebenen zu beobachten: Geräusch, Harmonie, Dissonanz, Poesie, Prosa, Funktion, Puls: bei etwa Gastr Del Sol, Melvins, Oval, De La Soul – jenseits auch des reduktionistischen Parametermodells der E-Musik (das ja die Unterschiedlichkeit z. B. sprachlich hergestellter relativ fixer Semantik-Ebenen innerhalb von Musik nicht erfaßt). Entsprechendes könnte man für den Bereich Bildender Kunst sich vorstellen. Vorausgesetzt, daß jenseits der Form-Inhalt-Dichotomie ein Institutionsbezug, ein Sponsorcheck, ein Verzicht, eine Konsequenz ebenso Bestandteile der Komposition werden, wie Farben und Formen als Aussagen verstanden werden.

Lach dich schlapp: das Witzakt-Problem

Es ist bezeichnend, daß neben den Schlüssel-Begriffen Sex und Gewalt die dritte besonders heikle Arena aller PC-Debatten Humor ist. Die gerne aufgestellte Behauptung praktizierender HumoristInnen und Satiriker, man richte sich gegen alle und alles, was einem vor die Flinte komme, ist naturgemäß falsch. Auch Satire agiert immer von einer Perspektive aus, sie bestätigt und stiftet Hierarchien, Konsensus, Unterwerfungen. Und wenn eine linke satirische Zeitschrift wie »titanic« sich auch über Linke lustig macht, dann im Namen einer Idee einer besseren Linken und damit anders als über politische Gegner (wobei das in letzter Zeit oft weniger deutlich ist). Wichtiger ist aber beim Sprechakt des Parodierens, Verhöhnens und Ridikülisierens, welche (falschen) Konventionen die anwesende oder erwartbar mitlesende, -hörende Mehrheit teilt. Eine Live-Sendung wie die Harald-Schmidt-Show ist dabei so besonders interessant, weil sie tatsächlich zwischen der Bestätigung des homophoben, sexistischen und rassistischen Freizeit-Idioten und dessen brillanter Infragestellung oszilliert. Das liegt aber nicht daran, daß Schmidt tatsächlich neutral wäre, wie er meint, und jede mögliche Pointe benutzt, sondern daran, daß er unsicher zwischen einer Komplizenschaft mit den dunklen Seiten seines Publikums und dem Mut zum Heraustreten und Infragestellen der Komplizenschaft schwankt, ja auf dieses Schwanken angewiesen ist. Zumal das Publikum nicht homogen ist – es repräsentiert Machtverhältnisse und Hierarchien von draußen und steht auch mal für einen zwar oppositionellen, aber selbstzufriedenen, kulturbürgerlich oppositionellen Zusammenhang, über den Schmidt zu Recht sich lustig macht, um dann kurz darauf eine Konvention zu bestätigen, die diese Leute mit noch schlimmeren Arschlöchern teilen. In seinen besten Momenten gelingt es Schmidt im Witz-Akt selbst zu zeigen, daß die besten Witze, die er macht, insbesondere solche mit klar benannten Personen und Gruppen, Konventionen, nur in dem Maße verletzen und lächerlich machen, in dem sie sich auf andere stützen und sich von ihnen bestätigen lassen. Wer hier »befreit« auch über sich selbst lacht, weiß, daß seine Verunsicherung immer im Namen einer Sicherheit geschieht. Im seltenen, besten Fall wird dieses ganze Ensemble von Voraussetzungen erkennbar, wenn Schmidt oder ein vergleichbarer Entertainer die so erfahrene Bestätigung und Absicherung, übermütig werdend, wie Treibstoff verbrennt. Ein ähnlicher Fall waren die umstrittenen und sicherlich weitgehend als unkorrekt geltenden, zahlreichen informellen Auftritte Martin Kippenbergers, der auf und am Rande von Kunstpartys und -veranstaltungen oft einfach jede mögliche Schwäche der Anwesenden höhnisch nutzte und damit sehr oft auch nur im Namen trübester Konventionen agierte, es aber auch oft schaffte, gleich darauf der Konvention, aufgrund derer das letzte Gelächter ertönte, den Boden wegzuziehen und die Lachenden zu verunsichern. In beiden Fällen gehen die Akteure davon aus, daß alle vorhandenen Konventionen, die sich oft widersprechen und heterogen sind, es wert sind, einerseits in Frage gestellt zu werden und andererseits genutzt zu werden, um Personen, die sich auf sie stützen, bloßzustellen. Ähnlich wie bei PC geht es darum, Unausgesprochenes in Konventionen und ihnen folgendem Verhalten offenzulegen, indem man sich derselben und anderer Konventionen bedient. Diese Fälle zeigen also, daß bekannte »Inkorrekte« gerade deswegen etwas zu schnell abgetan werden, weil sie nämlich tatsächlich das Thema von PC mehr oder weniger bewußt schon eingekreist hatten. Wie kritisiert man das Verhältnis von Akteuren und den sie stützenden Konventionen und Institutionen am besten, wo artikuliert sich das Verhältnis zwischen Verhalten und Ideologie am angreifbarsten? Daß die Genannten und andere zu diesem Problem immer ein eher subjektiv anarchistisches Verhältnis hatten – alle Konventionen, alle Personen gleich richtig, falsch –, das zu einer Affirmation der eh vorherrschenden Machtverhältnisse tendierte, indem es sich nicht klarmachte, daß und wie einige Konventionen unmittelbar mit trübesten Machtverhältnissen, andere eher mit deren Eindämmung zu tun haben, und daß, wer da neutral spontan sein will, meist mit den Schlimmeren im Bunde agiert, ändert nichts daran, daß in ihren Provokationen schon etwas von dem angelegt war, was in PC systematisch werden wollte. Anders als beim bloßstellenden, offenlegenden, veröffentlichenden Humor und in der politischen Denunziation, die manchmal das Problem gemeinsam haben, daß offenlegende Gegenmaßnahmen sich oft noch trüberer, intimitätsverletzender, zudringlicher bis zu rassistischen und sexistischen Konventionen bedienen als die Verhältnisse, die sie bekämpfen – etwa wenn »Konkret« es nicht schafft, zu sagen, was an Antje Vollmer oder Gertrud Höhler falsch ist, ohne zwanghaft sagen zu müssen, daß sie blöd sind, weil sie Frauen sind –, geht es bei PC um ein Agieren auf der Grundlage situativer Analyse von Machtverhältnissen und darauf gegründeter Parteilichkeit. Offenlegender Humor teilt mit PC die richtige Einschätzung, daß politische und Machtverhältnisse nicht einfach verschwiegen, sondern von einem Geflecht euphemistischer Redeweisen, Generalisierungen, bestimmter Sprechakte und institutionalisierter Alibikritik unkenntlich gemacht werden. Aber die Sorte Humor – und analog bestimmte PC-Taktiken – darf eben – wie Sex und Gewalt – auch nicht als Substanz, sondern muß als Verhältnis beschrieben werden. Vielleicht ist das eines der entscheidenden sprachkritischen Anliegen von einer positiv gedeuteten PC: ein Sprechen zu entwickeln, das von politischen Abstrakta, auch im populären Diskurs, nicht mehr wie von Substanzen, sondern als Verhältnissen spricht.

»Democracy? Can't we do better than that?«[15]

PC ist Repräsentationskritik. Als solche verhandelt PC Zugelassenheit, Partizipation auf den institutionellen und

Konventionen errichtenden Ebenen von Gesellschaft mittels symbolischer Politik. PC betrifft den immer schon ästhetischen Teil von Politik – die Rechte und Chancen der Individuen aufgrund ihres Aussehens, Klingens, Erkanntwerdens etc. – wie auch den politischen Teil von Ästhetik: die politischen Konsequenzen von Bildern, Formen und Tönen und ihren Codes und Codierbarkeiten. Als Repräsentationskritik ist PC aber auch Demokratiekritik. Eine Demokratiekritik freilich, die dem emphatischen Begriff der Demokratie, wie er vor allem in den angloamerikanischen Ländern dominiert, verpflichtet ist. Diese euphemistische Demokratievorstellung, die Idee einer Möglichkeit radikaler Demokratie innerhalb von Kapitalismus und bestehender »World Order«, kennzeichnet viele auch radikale Entwürfe gerade US-amerikanischer AktivistInnen. Dieser Vorstellung liegt zwar eine Fehleinschätzung der Möglichkeiten von Demokratie in diesem Sinne zugrunde, ist aber in mancher Hinsicht produktiv, indem sie hilft, wenigstens einige Oppositionalitäten zu verankern, die es hier nicht gibt. Mit ihrer falschen Beschreibung ihrer eigenen Möglichkeiten erreicht diese Politik immer noch bestimmte oppositionelle Minima – die so gar nicht ihre eigentlichen Ziele gewesen sein müssen –, so daß nicht nur wünschenswert wäre, wenn sich diese Opposition über die deprimierenderen Seiten des Verhältnisses von Staat, Kapital und Ideologie aufklären würde, sondern auch, wenn die, die darüber schon informiert sind, von der Pragmatik solcher PC lernen würden.

Subkultur – Institutionen – Eingriffe

In diesem letzten Kapitel ging es um PC und die politischen Möglichkeiten von Subkultur. Die US-amerikanischen Beispiele haben gezeigt, daß triviale Umbenennungen nichts wert sind und auch die sophisticated PC-Strategie nur funktioniert, wenn sie auf die Institutionen zielt und der Angriff auf deren Sprechakte zu »Verhaltensänderungen« führt. »Die Ideologie darf von der materiellen Wirklichkeit des Zeichens nicht getrennt werden.«[16] Subkulturen haben ein mehr als prekäres Verhältnis zu Institutionen. Vitalismus, Romantik, Hedonismus und andere Energien führen oft diesbezüglich zu einer Präferenz von Vogel-Strauß-Politik über Auseinandersetzung. Andererseits sind Subkulturen nicht, wie es die neue und alte Altlinke nicht müde wird, in immer neuen Verschwörungs- und Totalisierungstheorien mahnend zu beschwören, nur ideologische Staatsapparate, Außenposten und Provinzen der Kulturindustrie und Arbeitsämter[17], sondern weiterhin darin produktiv, nicht-institutionelle Organisations- und Lebensmodelle denkbar zu machen. Dennoch werden sie in den geschichtslosen Wiederholungen der immer gleichen Frontstellung gegenüber Ökonomie, Kulturhegemonie und politischen Institutionen hängenbleiben, wenn sie nicht die Konfrontationen mit diesen als lokale Politik beginnen. Rechtsprechung, liberale Demokratie, Kapitalismus, Kulturhegemonie etc. sind zwar natürlich in vielfältiger Weise voneinander abhängig und begrenzt, aber auch weitgehend unabhängig, eigenständig und entkoppelt. Lokale Eingriffe sind auf verschiedenen Ebenen möglich und nötig. Dazu gehört auch Diskurspolitik: »Begriffe dienen nicht mehr nur, Vorgegebenheiten so oder so zu erfassen, sie greifen aus in die Zukunft. Zunehmend wurden Zukunftsbegriffe geprägt, erst künftig zu erringende Positionen mußten sprachlich vorformuliert werden, um überhaupt bezogen oder errungen werden zu können.«[18]

Anmerkungen

1. Robert Stam/Ella Shohat, *Unthinking Eurocentrism – Multiculturalism and the Media*, New York/London 1994, S. 342

2. »Going Under«, Text von Patrick Plummer, auf Rockers Hi-Fi, *Mish Mash*, WEA 1996

3. Es scheint, daß nun auch Linke eher auf die Niveaubeklagungslinie eingeschwenkt sind. Laut Verlagsprospekt der edition tiamat planen Jürgen Roth und Klaus Bittermann als Nachfolger des Büchleins, das uns die verblüffende Erkenntnis nahebrachte, daß Fußballreporter denn doch nicht so schön reden wie T. S. Eliot schreibt, einen Band *Das große Rhabarbern – Dreißig Fallstudien über die Talkshow*.

4. Vgl. meinen Text *Wer ist die Gehirnpolizei?* in SPEX 11/95 über die Entwicklungen der Sprechpositionen in SPEX zwischen 1985 und heute.

5. Vgl. Christian Höller, *Fortbestand durch Auflösung – Aussichten interventionistischer Kunst*, «Texte zur Kunst«, 20, Köln 1995

6. Vgl. Jörg Ihssen, *Demonstratives Urinieren – Höchstinstanzliche Polizeiprosa gegen Chaos-Tage*, »tageszeitung«, 24.7.1996

7. Mit einem interessanten Unterschied: KRS One definierte Sex & Violence als den einzigen Gegenstand der Massenmedien, weniger um den Medien das als falsche oder zu enge Wahl des Inhalts vorzuwerfen, sondern eher, um den Aufmerksamkeitsmodus, den Vermittlungsstil von elektronischen Massenmedien gut McLuhanistisch zu kennzeichnen: Sex and Violence sind die Message, ganz egal, von was inhaltlich die Rede ist – Vgl.: Boogie Down Productions, *Sex and Violence*, Jive Records: 1992. Im Gegensatz dazu verengt eine Ausstellung im Hannoveraner Sprengel Museum unter dem Titel »Sex & Crime« wenigstens formal und vom Herkunftskontext her sehr divers angelegte zeitgenössische Kunst erst durch das Ausblenden von sozialen und Medien-Kontexten und forciert eindimensionale Inhalts-Hermeneutik auf ihren vermeintlich gemeinsamen Inhalt.

8. In der FAZ vom 22.11.1995

9. Wie in traditionellen Arbeiter- und Minderheitenkulturen in Privatsprachen, Argot, »Playing the Dozen«, Rotwelsch.

10. Vgl. Sabine Grimm/Juliane Rebentisch, *Befreiungsnormen: sexuelle Politik und feministische Theorie*, »Texte zur Kunst«, 22/1996, S. 93

11. Etwa die Kampagne gegen »magersüchtige Models«, die »keine echten Frauen« mehr seien und unsere Mädchen verderben: geschickt angedockt an das tatsächliche Problem Magersucht sollen hier in Auflösung befindliche kulturelle Normen restauriert werden.

12. Vgl. Joy Press/Simon Reynolds, *The Sex Revolts*, New York 1995

13. Eine Anspielung auf den von den Dead Kennedys in der frühen 80en lancierten Slogan »Nazi-Punks fuck off!«

14. Michel Foucault, *Diskurs und Wahrheit*, Berlin 1996

15. Titel eines Buches des Führers der amerikanischen Revolutionary Communist Party Tom Avakian, das u. a. versucht, Stalin gegen Hannah Arendt zu verteidigen.

16. Valentin N. Volosinov, *Marxismus und Sprachphilosophie*, Frankfurt–Berlin–Wien 1975, S. 69

17. Auch wenn sie das alles mitunter *auch* sein können.

18. Reinhard Koselleck, *Vergangene Zukunft*, Frankfurt/Main 1979, S. 113